目 录

考　点	试题	法条
国际法	1	48
专题一　导论	1	
考点1　国际法的渊源	1	
考点2　国际法的基本原则	1	
专题二　国际法的主体与国际法律责任	1	
考点3　国家管辖权	1	
考点4　国家主权豁免	1	
考点5　国际法上的承认	2	
考点6　国际法上的继承	2	
考点7　联合国体系	2	
考点8　国际法律责任	2	
专题三　国际法上的空间划分	3	
考点9　领土制度	3	
考点10　河流制度	3	
考点11　领海	4	
考点12　毗连区	4	
考点13　专属经济区和大陆架	4	
考点14　群岛水域	5	
考点15　公海和国际海底区域	5	
考点16　南极法律制度	5	
考点17　国际航空法律制度	5	
考点18　外层空间法律制度	5	
考点19　国际环保法	6	
专题四　国际法上的个人	6	48
考点20　国籍的取得	6	48
考点21　国籍的丧失	6	48
考点22　中国人的出入境	6	48
考点23　外国人的出入境	6	48
考点24　外交保护	7	
考点25　引渡	7	50
考点26　庇护	8	
专题五　外交关系法和领事关系法	9	
考点27　使馆的特权与豁免	9	
考点28　外交人员的特权与豁免	9	

· 1 ·

考点 29 使馆和外交人员的义务	9	
考点 30 领事关系法	10	
考点 31 特别使团	10	
专题六 条约法	10	51
考点 32 条约的缔结程序和方式	10	51
考点 33 条约的保留	11	
考点 34 条约的登记和生效	11	
考点 35 条约的终止	11	
专题七 国际争端的和平解决	11	
考点 36 国际争端的解决方式	11	
考点 37 国际法院	12	
考点 38 国际海洋法法庭	12	
专题八 战争与武装冲突法	13	
考点 39 战争开始的法律后果	13	
考点 40 战时中立	13	
考点 41 保护战时平民和战争受难者	14	
国际私法	15	52
专题九 国际私法概述	15	52
考点 42 国际私法的渊源和调整对象	15	52
专题十 国际私法的主体	15	52
考点 43 自然人经常居所地的确定	15	52
专题十一 冲突规范和准据法	15	52
考点 44 冲突规范	15	
考点 45 准据法的确定	15	52
专题十二 适用冲突规范的制度	16	52
考点 46 定性（识别）	16	52
考点 47 反致	16	52
考点 48 外国法的查明	16	52
考点 49 法律规避	16	53
考点 50 公共秩序保留与直接适用的法	16	53
专题十三 国际民商事关系的法律适用	17	53
考点 51 意思自治原则在法律适用中的运用	17	53
考点 52 自然人权利能力和行为能力的法律适用	17	54
考点 53 宣告失踪和宣告死亡的法律适用	18	54
考点 54 法人权利能力和行为能力的法律适用	18	54
考点 55 时效的法律适用	18	54
考点 56 信托的法律适用	18	54
考点 57 仲裁协议的法律适用	19	54
考点 58 物权的法律适用	19	54

考点 59	合同之债的法律适用	19	55
考点 60	侵权之债的法律适用	20	55
考点 61	不当得利、无因管理的法律适用	21	55
考点 62	商事关系的法律适用	21	55
考点 63	知识产权的法律适用	22	55
考点 64	婚姻与夫妻关系的法律适用	23	55
考点 65	监护关系的法律适用	23	56
考点 66	收养关系的法律适用	23	56
考点 67	继承的法律适用	24	56

专题十四　国际民商事争议的解决　24　56

考点 68	涉外仲裁协议	24	56
考点 69	涉外仲裁程序	25	57
考点 70	外国仲裁裁决的承认与执行	25	57
考点 71	外国人的民事诉讼地位	25	58
考点 72	涉外民商事案件的管辖权	26	59
考点 73	域外文书送达	27	61
考点 74	域外调取证据	27	61
考点 75	外国法院判决的承认与执行	27	62
考点 76	外资非正常撤离的跨国追究与诉讼	28	

专题十五　区际法律问题　28　63

考点 77	区际文书送达	28	63
考点 78	区际调取证据	29	64
考点 79	区际法院判决的认可与执行	29	64
考点 80	区际仲裁裁决的认可与执行	30	67

国际经济法　31　70

专题十六　国际货物买卖　31　70

考点 81	国际贸易术语	31	
考点 82	《联合国国际货物销售合同公约》的适用范围	32	70
考点 83	要约承诺规则	32	70
考点 84	买卖双方的权利义务	33	70
考点 85	违约救济制度	33	72
考点 86	国际货物买卖合同的风险转移	34	73

专题十七　国际货物运输与保险　34　73

考点 87	提单和无单放货责任	34	
考点 88	海上货物运输承运人的责任与免责	35	73
考点 89	其他国际货物运输法律制度	35	
考点 90	国际海上货物运输保险	35	

专题十八　国际贸易支付　37　73

考点 91	跟单托收	37	

· 3 ·

考点92	信用证的种类、当事人及法律关系	37
考点93	信用证下银行的责任与免责	37 / 73
考点94	信用证欺诈及例外原则	38 / 74

专题十九 对外贸易管理制度 ········· 38 / 74

考点95	对外贸易法	38 / 74
考点96	出口管制法	38 / 75
考点97	反倾销措施	39 / 76
考点98	反补贴措施	40 / 77
考点99	保障措施	40 / 78

专题二十 世界贸易组织 ········· 41

考点100	WTO基本制度	41
考点101	WTO最惠国待遇原则	41
考点102	《与贸易有关的投资措施协议》	41
考点103	《服务贸易总协定》	42
考点104	WTO争端解决机制	42

专题二十一 国际经济法领域的其他法律制度 ········· 43 / 78

考点105	《保护工业产权巴黎公约》	43
考点106	《保护文学艺术作品伯尔尼公约》	43
考点107	《与贸易有关的知识产权协议》（TRIPS协议）	44
考点108	国际知识产权许可协议	44
考点109	多边投资担保机构（MIGA）	44
考点110	国际投资争端解决中心（ICSID）	45
考点111	特别提款权	46
考点112	国际融资担保	46 / 78
考点113	国际贷款协议	47
考点114	国际税法	47

答案速查 ········· 81

国际法 [试题]

扫一扫,"码"上做题

微信扫码,即可线上做题、看解析。
多种做题模式:章节自测、单科集训、随机演练等。

专题一 导 论

考点1 国际法的渊源

1. 2007/1/77/多①

国际人道法中的区分对象原则(区分军事与非军事目标,区分战斗员与平民)是一项已经确立的国际习惯法原则,也体现在《1977年日内瓦四公约第一附加议定书》中。甲乙丙三国中,甲国是该议定书的缔约国,乙国不是,丙国曾是该议定书的缔约国,后退出该议定书。根据国际法的有关原理和规则,下列哪些选项是错误的?

A. 该原则对甲国具有法律拘束力,但对乙国没有法律拘束力
B. 丙国退出该议定书后,该议定书对丙国不再具有法律拘束力
C. 丙国退出该议定书后,该原则对丙国不再具有法律拘束力
D. 该原则对于甲乙丙三国都具有法律拘束力

考点2 国际法的基本原则

2. 2013/1/75/多

关于国际法基本原则,下列哪些选项是正确的?

A. 国际法基本原则具有强行法性质
B. 不得使用威胁或武力原则是指禁止除国家对侵略行为进行的自卫行动以外的一切武力的使用
C. 对于一国国内的民族分离主义活动,民族自决原则没有为其提供任何国际法根据
D. 和平解决国际争端原则是指国家间在发生争端时,各国都必须采取和平方式予以解决

专题二 国际法的主体与国际法律责任

考点3 国家管辖权

3. 2011/1/33/单

甲国人张某侵吞中国某国企驻甲国办事处的大量财产。根据中国和甲国的法律,张某的行为均认定为犯罪。中国与甲国没有司法协助协定。根据国际法相关规则,下列哪一选项是正确的?

A. 张某进入中国境内时,中国有关机关可依法将其拘捕
B. 中国对张某侵吞财产案没有管辖权
C. 张某乘甲国商船逃至公海时,中国有权派员在公海将其缉拿
D. 甲国有义务将张某引渡给中国

4. 2006/1/78/多

"恐龙国际"是一个在甲国以非营利性社会团体注册成立的组织,成立于1998年,总部设在甲国,会员分布在20多个国家。该组织的宗旨是鼓励人们"认识恐龙,回溯历史"。2001年,"恐龙国际"获得联合国经社理事会注册咨商地位。现该组织试图把活动向乙国推广,并准备在乙国发展会员。依照国际法,下列哪些表述是正确的?

A. 乙国有义务让"恐龙国际"在乙国发展会员
B. 乙国有权依照其本国法律阻止该组织在乙国的活动
C. 该组织在乙国从事活动,必须遵守乙国法律
D. 由于该组织已获得联合国经社理事会注册咨商地位,因此,它可以被视为政府间的国际组织

考点4 国家主权豁免

5. 2014/1/75/多

甲国某公司与乙国驻甲国使馆因办公设备合同产生纠纷,并诉诸甲国法院。根据相关国际法规则,下列哪些选项是正确的?

A. 如合同中有适用甲国法律的条款,则表明乙国放弃了其管辖的豁免
B. 如乙国派代表出庭主张豁免,不意味着其默示接受了甲国的管辖
C. 如乙国在本案中提起了反诉,则是对管辖豁免的默示放弃
D. 如乙国曾接受过甲国法院的管辖,甲国法院即可管辖本案

---
① 指2007年/试卷一/第77题/多选——编者注。

6． 2010/1/30/单

甲国政府与乙国A公司在乙国签订一份资源开发合同后,A公司称甲国政府未按合同及时支付有关款项。纠纷发生后,甲国明确表示放弃关于该案的诉讼管辖豁免权。根据国际法规则,下列哪一选项是正确的?

A．乙国法院可对甲国财产进行查封

B．乙国法院原则上不能对甲国强制执行判决,除非甲国明示放弃在该案上的执行豁免

C．如第三国法院曾对甲国强制执行判决,则乙国法院可对甲国强制执行判决

D．如乙国主张限制豁免,则可对甲国强制执行判决

考点5 国际法上的承认

7． 2010/1/29/单

甲乙二国建立正式外交关系数年后,因两国多次发生边境冲突,甲国宣布终止与乙国的外交关系。根据国际法相关规则,下列哪一选项是正确的?

A．甲国终止与乙国的外交关系,并不影响乙国对甲国的承认

B．甲国终止与乙国的外交关系,表明甲国不再承认乙国作为一个国家

C．甲国主动与乙国断交,则乙国可以撤回其对甲国作为国家的承认

D．乙国从未正式承认甲国为国家,建立外交关系属于事实上的承认

考点6 国际法上的继承

8． 2008/1/33/单

甲国与乙国1992年合并为一个新国家丙国。此时,丁国政府发现,原甲国中央政府、甲国南方省,分别从丁国政府借债3000万美元和2000万美元。同时,乙国元首以个人名义从丁的商业银行借款100万美元,用于乙国1991年救灾。上述债务均未偿还。甲乙丙丁四国没有关于甲乙两国合并之后所涉债务事项的任何双边或多边协议。根据国际法中有关原则和规则,下列哪一选项是正确的?

A．随着一个新的国际法主体丙国的出现,上述债务均已自然消除

B．甲国中央政府所借债务转属丙国政府承担

C．甲国南方省所借债务转属丙国政府承担

D．乙国元首所借债务转属丙国政府承担

考点7 联合国体系

9． 2016/1/32/单

联合国会员国甲国出兵侵略另一会员国。联合国安理会召开紧急会议,讨论制止甲国侵略的决议案,并进行表决。表决结果为:常任理事国4票赞成、1票弃权;非常任理事国8票赞成、2票否决。据此,下列哪一选项是正确的?

A．决议因有常任理事国投弃权票而不能通过

B．决议因非常任理事国两票否决而不能通过

C．投票结果达到了安理会对实质性问题表决通过的要求

D．安理会为制止侵略行为的决议获简单多数赞成票即可通过

10． 2015/1/32/单

联合国大会由全体会员国组成,具有广泛的职权。关于联合国大会,下列哪一选项是正确的?

A．其决议具有法律拘束力

B．表决时安理会5个常任理事国的票数多于其他会员国

C．大会是联合国的立法机关,三分之二以上会员国同意才可以通过国际条约

D．可以讨论《联合国宪章》范围内或联合国任何机关的任何问题,但安理会正在审议的除外

11． 2009/1/31/单

由于甲国海盗严重危及国际海运要道的运输安全,在甲国请求下,联合国安理会通过决议,授权他国军舰在经甲国同意的情况下,在规定期限可以进入甲国领海打击海盗。据此决议,乙国军舰进入甲国领海解救被海盗追赶的丙国商船。对此,下列哪一选项是正确的?

A．安理会无权作出授权外国军舰进入甲国领海打击海盗的决议

B．外国军舰可以根据安理会决议进入任何国家的领海打击海盗

C．安理会的决议不能使军舰进入领海打击海盗成为国际习惯法

D．乙国军舰为解救丙国商船而进入甲国领海属于保护性管辖

考点8 国际法律责任

12． 2011/1/32/单

甲国某核电站因极强地震引发爆炸后,甲国政府依国内法批准将核电站含低浓度放射性物质的大量污水排入大海。乙国海域与甲国毗邻,均为《关于核损害的民事责任的维也纳公约》缔约国。下列哪一说法是正确的?

A．甲国领土范围发生的事情属于甲国内政

B．甲国排污应当得到国际海事组织同意

C．甲国对排污的行为负有国际法律责任,乙

可通过协商与甲国共同解决排污问题
D. 根据"污染者付费"原则，只能由致害方，即该核电站所属电力公司承担全部责任

13. 2008/1/30/单

甲乙两国1990年建立大使级外交关系，并缔结了双边的《外交特权豁免议定书》。2007年两国交恶，甲国先宣布将其驻乙国的外交代表机构由大使馆降为代办处，乙国遂宣布断绝与甲国的外交关系。之后，双方分别撤走了各自驻对方的使馆人员。对此，下列哪一选项是正确的？
A. 甲国的行为违反国际法，应承担国家责任
B. 乙国的行为违反国际法，应承担国家责任
C. 上述《外交特权豁免议定书》终止执行
D. 甲国可以查封没收乙国使馆在甲国的财产

14. 2008/1/32/单

克森公司是甲国的一家国有物资公司。去年，该公司与乙国驻丙国的使馆就向该使馆提供馆舍修缮材料事宜，签订了一项供货协议。后来，由于使馆认为克森公司交货存在质量瑕疵，双方产生纠纷。根据国际法的有关规则，下列哪一选项是正确的？
A. 乙国使馆无权在丙国法院就上述事项提起诉讼
B. 克森公司在丙国应享有司法管辖豁免
C. 乙国使馆可以就该事项向甲国法院提起诉讼
D. 甲国须对克森公司的上述行为承担国家责任

专题三　国际法上的空间划分

考点9 领土制度

15. 2016/1/33/单

甲乙两国边界附近爆发部落武装冲突，致两国界标被毁，甲国一些边民趁乱偷渡至乙国境内。依相关国际法规则，下列哪一选项是正确的？
A. 甲国发现界标被毁后应尽速修复或重建，无需通知乙国
B. 只有甲国边境管理部门才能处理偷渡到乙国的甲国公民
C. 偷渡到乙国的甲国公民，仅能由乙国边境管理部门处理
D. 甲乙两国对界标的维护负有共同责任

16. 2016/1/75/多

关于领土的合法取得，依当代国际法，下列哪些选项是正确的？
A. 甲国围海造田，未对他国造成影响
B. 乙国屯兵邻国边境，邻国被迫与其签订条约割让部分领土
C. 丙国与其邻国经平等协商，将各自边界的部分领土相互交换
D. 丁国最近二十年派兵持续控制其邻国部分领土，并对外宣称拥有主权

17. 2011/1/75/多

甲国发生内战，乙国拟派民航包机将其侨民接回，飞机需要飞越丙国领空。根据国际法相关规则，下列哪些选项是正确的？
A. 乙国飞机因接其侨民，得自行飞越丙国领空
B. 乙国飞机未经甲国许可，不得飞入甲国领空
C. 乙国飞机未经允许飞越丙国领空，丙国有权要求其在指定地点降落
D. 丙国军机有权在警告后将未经许可飞越丙国领空的乙国飞机击落

考点10 河流制度

18. 2019回忆/单

碧水河为甲乙两国的界河，双方对界河的划界使用没有另行约定，根据国际法的相关规则，下列哪一行为是合法的？
A. 甲国渔民在整个河面上捕鱼
B. 甲国渔船遭遇狂风，为紧急避险可未经许可停靠乙国河岸
C. 乙国可不经甲国许可在碧水河修建堤坝
D. 乙国发生旱灾，可不经甲国许可炸开自己一方堤坝灌溉农田

19. 2011/1/74/多

甲河是多国河流，乙河是国际河流。根据国际法相关规则，下列哪些选项是正确的？
A. 甲河沿岸国对甲河流经本国的河段拥有主权
B. 甲河上游国家可对自己享有主权的河段进行改道工程，以解决自身缺水问题
C. 乙河对非沿岸国商船也开放
D. 乙河的国际河流性质决定了其属于人类共同的财产

20. 2006/1/30/单

风光秀丽的纳列温河是甲国和乙国的界河。两国的边界线确定为该河流的主航道中心线。甲乙两国间没有其他涉及界河制度的条约。现甲国提议开发纳列温河的旅游资源，相关旅行社也设计了一系列界河水上旅游项目。根据国际法的相关原则和规则，下列哪一项活动不需要经过乙国的同意，甲国即可以合法从事？
A. 在纳列温河甲国一侧修建抵近主航道的大型观光栈桥
B. 游客乘甲国的旅游船抵达乙国河岸停泊观

光,但不上岸
C. 游客乘甲国渔船在整条河中进行垂钓和捕捞活动
D. 游客乘甲国游船在主航道上沿河航行游览

考点11 领海

21．2021 回忆/单

根据《联合国海洋法公约》以及我国相关法律规定,下列哪一说法是正确的?
A. 甲国军舰可以无须事先征得许可而在我国领海无害通过
B. 我国军舰可以从毗连区开始实施紧追权,到公海时紧追应终止
C. 乙国有权在我国大陆架铺设电缆,但铺设线路计划需要取得我国同意
D. 丙国商务飞机可以在我国领海上空无害通过

22．2016/1/76/多

"青田"号是甲国的货轮、"前进"号是乙国的油轮、"阳光"号是丙国的科考船,三船通过丁国领海。依《联合国海洋法公约》,下列哪些选项是正确的?
A. 丁国有关对油轮实行分道航行的规定是对"前进"号油轮的歧视
B. "阳光"号在丁国领海进行测量活动是违反无害通过的
C. "青田"号无须事先通知或征得丁国许可即可连续不断地通过丁国领海
D. 丁国可以对通过其领海的外国船舶征收费用

考点12 毗连区

23．2020 回忆/单

根据《联合国海洋法公约》和中国相关规则和实践,下列哪一选项是正确的?
A. 甲国军用飞机须经我国同意方能飞越我国毗连区
B. 甲国潜水艇必须浮出水面并展示船旗才能通过我国毗连区
C. 甲国渔民在我国大陆架捕杀濒危海龟,依照我国刑法追究刑事责任
D. 联合国某专门机构的科考船在我国专属经济区科学考察,须经我国同意

24．2011/1/97/任

A 公司和 B 公司于 2011 年 5 月 20 日签订合同,由 A 公司将一批平板电脑售卖给 B 公司。A 公司和 B 公司营业地分别位于甲国和乙国,两国均为《联合国国际货物销售合同公约》缔约国。合同项下的货物由丙国 C 公司的"潇湘"号商船承运,装运港是甲国某港口,目的港是乙国某港口。在运输途中,B 公司与中国 D 公司就货物转卖达成协议。
"潇湘"号运送该批平板电脑的航行路线要经过丁国的毗连区。根据《联合国海洋法公约》,下列选项正确的是:
A. "潇湘"号在丁国毗连区通过时的权利和义务与在丁国领海的无害通过相同
B. 丁国可在"潇湘"号通过时对毗连区上空进行管制
C. 丁国可根据其毗连区领土主权对"潇湘"号等船舶规定分道航行
D. "潇湘"号应遵守丁国在海关、财政、移民和卫生等方面的法律规定

考点13 专属经济区和大陆架

25．2019 回忆/单

依据《联合国海洋法公约》,甲国在本国专属经济区的下列哪项行为符合公约?
A. 击落上空的乙国无人机
B. 击沉海面的丙国军舰
C. 在海上修建风力发电站
D. 破坏丁国铺设的海底电缆

26．2010/1/31/单

甲国在其宣布的专属经济区水域某暗礁上修建了一座人工岛屿。乙国拟铺设一条通过甲国专属经济区的海底电缆。根据《联合国海洋法公约》,下列哪一选项是正确的?
A. 甲国不能在该暗礁上修建人工岛屿
B. 甲国对建造和使用该人工岛屿拥有管辖权
C. 甲国对该人工岛屿拥有领土主权
D. 乙国不可在甲国专属经济区内铺设海底电缆

27．2008/1/78/多

甲国注册的渔船"踏浪号"应乙国注册的渔船"风行号"之邀,在乙国专属经济区进行捕鱼作业时,乙国海上执法船赶来制止,随后将"踏浪号"带回乙国港口。甲乙两国都是《联合国海洋法公约》的缔约国,且两国之间没有其他相关的协议。据此,根据海洋法的有关规则,下列哪些选项是正确的?
A. 只要"踏浪号"向乙国有关部门提交适当保证书和担保,乙国必须迅速释放该船
B. 只要"踏浪号"向乙国有关部门提交适当保证书和担保,乙国必须迅速释放该船船员
C. 如果"踏浪号"未能向乙国有关部门及时提交适当担保,乙国有权对该船船长和船员处以 3 个月以下的监禁
D. 乙国有义务将该事项迅速通知甲国

考点 14 群岛水域

28． 2014/1/33/单

甲国是群岛国，乙国是甲国的隔海邻国，两国均为《联合国海洋法公约》的缔约国。根据相关国际法规则，下列哪一选项是正确的？

A．他国船舶通过甲国的群岛水域均须经过甲国的许可

B．甲国为连接其相距较远的两岛屿，其群岛基线可隔断乙国的专属经济区

C．甲国因已划定了群岛水域，则不能再划定专属经济区

D．甲国对其群岛水域包括上空和底土拥有主权

考点 15 公海和国际海底区域

29． 2012/1/97/任

甲国A公司向乙国B公司出口一批货物，双方约定适用2020年《国际贸易术语解释通则》中CIF术语。该批货物由丙国C公司"乐安"号商船承运，运输途中船舶搁浅，为起浮抛弃了部分货物。船舶起浮后继续航行中又因恶劣天气，部分货物被海浪打入海中。到目的港后发现还有部分货物因固有缺陷而损失。

"乐安"号运送该货物的航行路线要经过丁国的领海和毗连区。根据《联合国海洋法公约》，下列选项正确的是：

A．"乐安"号可不经批准穿行丁国领海，并在其间停泊转运货物

B．"乐安"号在丁国毗连区走私货物，丁国海上执法船可行使紧追权

C．"乐安"号在丁国毗连区走私货物，丁国海上执法机关可出动飞机行使紧追权

D．丁国海上执法机关对"乐安"号的紧追权在其进入公海时立即终止

30． 2009/1/30/单

乙国军舰A发现甲国渔船在乙国领海走私，立即发出信号开始紧追，渔船随即逃跑。当A舰因机械故障被迫返航时，令乙国另一艘军舰B在渔船逃跑必经的某公海海域埋伏。A舰返航半小时后，渔船出现在B舰埋伏的海域。依《联合国海洋法公约》及相关国际法规则，下列哪一选项是正确的？

A．B舰不能继续A舰的紧追

B．A舰应从毗连区开始紧追，而不应从领海开始紧追

C．为了紧追成功，B舰不必发出信号即可对渔船实施紧追

D．只要B舰发出信号，即可在公海继续对渔船紧追

考点 16 南极法律制度

31． 2010/1/78/多

甲乙丙三国均为南极地区相关条约缔约国。甲国在加入条约前，曾对南极地区的某区域提出过领土要求。乙国在成为条约缔约国后，在南极建立了常年考察站。丙国利用自己靠近南极的地理优势，准备在南极大规模开发旅游。根据《南极条约》和相关制度，下列哪些判断是正确的？

A．甲国加入条约意味着其放弃或否定了对南极的领土要求

B．甲国成为条约缔约国，表明其他缔约国对甲国主张南极领土权利的确认

C．乙国上述在南极地区的活动，并不构成对南极地区提出领土主张的支持和证据

D．丙国旅游开发不得对南极环境系统造成破坏

考点 17 国际航空法律制度

32． 2017/1/32/单

乘坐乙国航空公司航班的甲国公民，在飞机进入丙国领空后实施劫机，被机组人员制服后交丙国警方羁押。甲、乙、丙三国均为1963年《东京公约》、1970年《海牙公约》及1971年《蒙特利尔公约》缔约国。据此，下列哪一选项是正确的？

A．劫机发生在丙国领空，仅丙国有管辖权

B．犯罪嫌疑人为甲国公民，甲国有管辖权

C．劫机发生在乙国航空器上，仅乙国有管辖权

D．本案涉及国际刑事犯罪，应由国际刑事法院管辖

33． 2013/1/33/单

甲国某航空公司国际航班在乙国领空被乙国某公民劫持，后乙国将该公民控制，并拒绝了甲国的引渡请求。两国均为1971年《关于制止危害民用航空安全的非法行为的公约》等三个国际民航安全公约缔约国。对此，下列哪一说法是正确的？

A．劫持未发生在甲国领空，甲国对此没有管辖权

B．乙国有义务将其引渡到甲国

C．乙国可不引渡，但应由本国进行刑事审判

D．本案属国际犯罪，国际刑事法院可对其行使管辖权

考点 18 外层空间法律制度

34． 2020回忆/多

甲国研发的气象卫星委托乙国代为发射，因天气的原因该卫星在丙国境内实际发射。发射过程中火箭碎片掉落，砸伤受邀现场观看发射的某丁国国民。由于轨道偏离，该气象卫星与丁国通信卫星相撞，丁国卫星碎片跌落砸坏戊国建筑并造成戊国人员伤亡。甲、乙、丙、丁、戊五国都是加入《空间物体造

成损害的国际责任公约》(以下简称《责任公约》)的缔约国,下列哪些判断是正确的?

A. 丁国不对戊国财产和人员伤亡承担责任
B. 火箭碎片对某丁国国民造成的损害不适用《责任公约》
C. 甲、乙、丙、丁四国应对戊国的财产和人员伤亡承担绝对责任
D. 甲、乙、丙三国应对丁国卫星损害承担过错责任

35． 2009/1/98/任

乙国与甲国航天企业达成协议,由甲国发射乙国研制的"星球一号"卫星。因发射失败卫星碎片降落到甲国境内,造成人员和财物损失。甲乙两国均为《空间物体造成损害的国际责任公约》缔约国。下列选项正确的是:

A. 如"星球一号"发射成功,发射国为技术保密可不向联合国办理登记
B. 因"星球一号"由甲国的非政府实体发射,甲国不承担国际责任
C. "星球一号"对甲国国民的损害不适用《责任公约》
D. 甲国和乙国对"星球一号"碎片造成的飞机损失承担绝对责任

考点19 国际环保法

36． 2008/1/34/单

甲乙两国是温室气体的排放大国,甲国为发达国家,乙国为发展中国家。根据国际环境法原则和规则,下列哪一选项是正确的?

A. 甲国必须停止排放,乙国可以继续排放,因为温室气体效应主要是由发达国家多年排放积累造成的
B. 甲国可以继续排放,乙国必须停止排放,因为乙国生产效率较低,并且对于环境治理的措施和水平远远低于甲国
C. 甲乙两国的排放必须同等地被限制,包括排放量、排放成份标准、停止排放时间等各方面
D. 甲乙两国在此问题上都承担责任,包括进行合作,但在具体排量标准、停止排放时间等方面承担的义务应有所区别

专题四 国际法上的个人

考点20 国籍的取得

37． 2015/1/75/多

中国公民王某与甲国公民彼得于2013年结婚后定居甲国并在该国产下一子,取名彼得森。关于彼得森的国籍,下列哪些选项是正确的?

A. 具有中国国籍,除非其出生时即有甲国国籍
B. 可以同时拥有中国国籍与甲国国籍
C. 出生时是否具有甲国国籍,应由甲国法确定
D. 如出生时即具有甲国国籍,其将终生无法获得中国国籍

考点21 国籍的丧失

38． 2017/1/75/多

中国公民李某与俄罗斯公民莎娃结婚,婚后定居北京,并育有一女李莎。依我国《国籍法》,下列哪些选项是正确的?

A. 如李某为中国国家机关公务员,其不得申请退出中国国籍
B. 如莎娃申请中国国籍并获批准,不得再保留俄罗斯国籍
C. 如李莎出生于俄罗斯,不具有中国国籍
D. 如李莎出生于中国,具有中国国籍

39． 2010/1/80/多

中国人王某定居美国多年,后自愿加入美国国籍,但没有办理退出中国国籍的手续。根据我国相关法律规定,下列哪些选项是正确的?

A. 由于王某在中国境外,故须向在国外的中国外交代表机关或领事机关办理退出中国国籍的手续
B. 王某无需办理退出中国国籍的手续
C. 王某具有双重国籍
D. 王某已自动退出了中国国籍

考点22 中国人的出入境

40． 2014/1/34/单

王某是定居美国的中国公民,2013年10月回国为父母购房。根据我国相关法律规定,下列哪一选项是正确的?

A. 王某应向中国驻美签证机关申请办理赴中国的签证
B. 王某办理所购房产登记需提供身份证明的,可凭其护照证明其身份
C. 因王某是中国公民,故需持身份证办理房产登记
D. 王某回中国后,只要其有未了结的民事案件,就不准出境

考点23 外国人的出入境

41． 2019 回忆/多

甲国人约翰持公务签证来华,在北京已居住两年。在此期间,约翰与中国女子王某结婚并在北京生下一子。根据中国相关法律规定,下列哪些

判断是正确的?
　　A. 只要约翰有尚未完结的民事诉讼就不得离境
　　B. 北京是约翰的经常居所地
　　C. 约翰利用周末假期在某语言培训机构兼职教课,属于非法就业
　　D. 约翰的儿子具有中国国籍

42． 2017/1/76/多
马萨是一名来华留学的甲国公民,依中国法律规定,下列哪些选项是正确的?
　　A. 马萨入境中国时,如出入境边防检查机关不准其入境,可以不说明理由
　　B. 如马萨留学期间发现就业机会,即可兼职工作
　　C. 马萨留学期间在同学家中短期借住,应按规定向居住地的公安机关办理登记
　　D. 如马萨涉诉,则不得出境

43． 2013/1/76/多
甲国公民杰克申请来中国旅游,关于其在中国出入境和居留期间的管理,下列哪些选项是正确的?
　　A. 如杰克患有严重精神障碍,中国签证机关不予签发其签证
　　B. 如杰克入境后可能危害中国国家安全和利益,中国出入境边防检查机关可不准许其入境
　　C. 杰克入境后,在旅馆以外的其他住所居住或者住宿的,应当在入住后48小时内由本人或者留宿人,向居住地的公安机关办理登记
　　D. 如杰克在中国境内有未了结的民事案件,法院决定不准出境的,中国出入境边防检查机关有权阻止其出境

44． 2012/1/75/多
外国公民雅力克持旅游签证来到中国,我国公安机关查验证件时发现,其在签证已经过期的情况下,涂改证照,居留中国并临时工作。关于雅力克的出入境和居留,下列哪些表述符合中国法律规定?
　　A. 在雅力克旅游签证有效期内,其前往不对外国人开放的地区旅行,不再需要向当地公安机关申请旅行证件
　　B. 对雅力克的行为县级以上公安机关可拘留审查
　　C. 对雅力克的行为县级以上公安机关可依法予以处罚
　　D. 如雅力克持涂改的出境证件出境,中国边防检查机关有权阻止其出境

45． 2010/1/98/任
甲国公民大卫到乙国办理商务,购买了联程客票搭乘甲国的国际航班,经北京首都国际机场转机到乙国。甲国与我国没有专门协定。根据我国有关出入境法律,下列判断正确的是:
　　A. 大卫必须提前办理中国过境签证
　　B. 如大卫在北京机场的停留时间不超过24小时且不出机场,可免办中国入境签证
　　C. 如大卫不出北京机场,无论其停留时间长短都可免办中国入境签证
　　D. 如大卫在北京转机临时离开机场,需经边防检查机关批准

46． 2009/1/80/多
甲国人彼得拟申请赴中国旅游。依我国相关法律规定,下列哪些选项是正确的?
　　A. 甲国人彼得应向中国公安部门提出入境申请
　　B. 受理彼得入境申请的中国有关机关没有义务必须批准入境
　　C. 如彼得获准入境后发现适合他的工作,可以留在中国工作
　　D. 如彼得获准入境后前往不对外国人开放的地区旅行,必须向当地公安机关申请旅行证件

考点24 外交保护

47． 2006/1/77/多
甲国公民廖某在乙国投资一家服装商店,生意兴隆,引起一些从事服装经营的当地商人不满。一日,这些当地商人煽动纠集一批当地人,涌入廖某商店哄抢物品。廖某向当地警方报案。警察赶到后并未采取措施控制事态,而是袖手旁观。最终廖某商店被洗劫一空。根据国际法的有关规则,下列对此事件的哪些判断是正确的?
　　A. 该哄抢行为可以直接视为乙国的国家行为
　　B. 甲国可以立即行使外交保护权
　　C. 乙国中央政府有义务调查处理肇事者,并追究当地警察的渎职行为
　　D. 廖某应首先诉诸于乙国行政当局和司法机构,寻求救济

考点25 引渡

48． 2019 回忆/多
甲国人罗德在乙国旅游期间,乙国经丙国的申请对罗德采取了强制措施,之后丙国请求乙国引渡罗德。根据国际法的相关规则和实践,下列哪些判断是正确的?
　　A. 如果罗德是政治犯,乙国应当拒绝引渡
　　B. 如果罗德的行为在乙国和丙国都构成严重犯罪,乙国可以引渡
　　C. 如果罗德的行为只在丙国构成犯罪,乙国应当拒绝引渡

D. 因罗德为甲国公民,乙国无权将其引渡给丙国

49. 2018 回忆/多

中国公民王某在甲国旅游期间被殴打致重伤后报警,犯罪嫌疑人李某逃至乙国。经查,李某为中国公民,甲乙两国无引渡条约,中国与甲乙两国均有引渡条约。依中国法律和国际法,下列哪些选项是正确的?

A. 中国可以对王某进行外交保护
B. 如乙国将李某引渡给中国,甲国提出引渡的,中国应拒绝
C. 如甲国向乙国提出引渡,乙国无权拒绝
D. 鉴于李某正打算逃往他国,中国在未提出引渡前,可以通过外交途径请求乙国对李某采取强制措施

50. 2015/1/33/单

甲国公民汤姆于 2012 年在本国故意杀人后潜逃至乙国,于 2014 年在乙国强奸一名妇女后又逃至中国。乙国于 2015 年向中国提出引渡请求。经查明,中国和乙国之间没有双边引渡条约。依相关国际法及中国法律规定,下列哪一选项是正确的?

A. 乙国的引渡请求应向中国最高人民法院提出
B. 乙国应当作出互惠的承诺
C. 最高人民法院应对乙国的引渡请求进行审查,并由审判员组成合议庭进行
D. 如乙国将汤姆引渡回本国,则在任何情况下都不得再将其转引

51. 2013/1/97/任

甲国公民库克被甲国刑事追诉,现在中国居留,甲国向中国请求引渡库克,中国和甲国间无引渡条约。关于引渡事项,下列选项正确的是:

A. 甲国引渡请求所指的行为依照中国法律和甲国法律均构成犯罪,是中国准予引渡的条件之一
B. 由于库克健康原因,根据人道主义原则不宜引渡,中国可以拒绝引渡
C. 根据中国法律,引渡请求所指的犯罪纯属军事犯罪的,中国应当拒绝引渡
D. 根据甲国法律,引渡请求所指的犯罪纯属军事犯罪的,中国应当拒绝引渡

52. 2012/1/76/多

甲国公民彼得,在中国境内杀害一中国公民和一乙国在华留学生,被中国警方控制。乙国以彼得杀害本国公民为由,向中国申请引渡,中国和乙国间无引渡条约。关于引渡事项,下列哪些选项是正确的?

A. 中国对乙国无引渡义务
B. 乙国的引渡请求应通过外交途径联系,联系机关为外交部
C. 应由中国最高法院对乙国的引渡请求进行审查,并作出裁定
D. 在收到引渡请求时,中国司法机关正在对引渡所指的犯罪进行刑事诉讼,故应当拒绝引渡

53. 2009/1/32/单

中国人高某在甲国探亲期间加入甲国国籍,回中国后健康不佳,也未申请退出中国国籍。后甲国因高某在该国的犯罪行为,向中国提出了引渡高某的请求,乙国针对高某在乙国实施的伤害乙国公民的行为,也向中国提出了引渡请求。依我国相关法律规定,下列哪一选项是正确的?

A. 如依中国法律和甲国法律均构成犯罪,即可准予引渡
B. 中国应按照收到引渡请求的先后确定引渡的优先顺序
C. 由于高某健康不佳,中国可以拒绝引渡
D. 中国应当拒绝引渡

考点26 庇护

54. 2007/1/78/多

甲国人亨利持假护照入境乙国,并以政治避难为名进入丙国驻乙国的使馆。甲乙丙三国都是《维也纳外交关系公约》的缔约国,此外彼此间没有相关的其他协议。根据国际法的有关规则,下列哪些选项是正确的?

A. 亨利目前位于乙国领土上,其身份为非法入境者
B. 亨利目前位于丙国领土内,丙国有权对其提供庇护
C. 丙国有义务将亨利引渡给甲国
D. 丙国使馆有义务将亨利交由乙国依法处理

55. 2007/1/29/单

甲国 1999 年发生军事政变未遂,政变领导人朗曼逃至乙国。甲国法院缺席判决朗曼 10 年有期徒刑。甲乙两国之间没有相关的任何特别协议。根据国际法有关规则,下列哪一选项是正确的?

A. 甲国法院判决生效后,甲国可派出军队进入乙国捉拿朗曼,执行判决
B. 乙国可以给予朗曼庇护
C. 乙国有义务给予朗曼庇护
D. 甲国法院的判决生效后,乙国有义务将朗曼逮捕并移交甲国

专题五　外交关系法和领事关系法

考点27　使馆的特权与豁免

56．2019 回忆/单

汤姆为甲驻乙国大使馆的武官,甲乙都是《维也纳外交关系公约》的缔约国,下列哪项判断是正确的?

A. 甲国大使馆爆发恶性传染病,乙国卫生人员可直接进入使馆馆舍消毒

B. 乙国应为甲国大使馆提供必要的免税物业服务

C. 非经乙国许可,甲国大使馆不得装置使用无线设备

D. 汤姆杀死了两个乙国人,乙国司法部门不得对其进行刑事审判与处罚

57．2010/1/79/多

甲乙二国建有外交及领事关系,均为《维也纳外交关系公约》和《维也纳领事关系公约》缔约国。乙国为举办世界杯足球赛进行城市改建,将甲国使馆区域、大使官邸、领馆区域均纳入征用规划范围。对此,乙国作出了保障外国使馆、领馆执行职务的合理安排,并对搬迁使领馆给予及时、有效、充分的补偿。根据国际法相关规则,下列哪些判断是正确的?

A. 如甲国使馆拒不搬迁,乙国可采取强制的征用搬迁措施

B. 即使大使官邸不在使馆办公区域内,乙国也不可采取强制征用搬迁措施

C. 在作出上述安排和补偿的情况下,乙国可征用甲国总领馆办公区域

D. 甲国总领馆舍在任何情况下均应免受任何方式的征用

考点28　外交人员的特权与豁免

58．2023 回忆/多

甲国公民杰克是甲国派驻乙国使馆的一名武官,关于其在乙国的行为,根据《维也纳外交关系公约》,下列哪些说法是正确的?

A. 周末可以利用自己的特长参加专业技能方面的商业活动

B. 不得因为维护甲国利益而参与乙国反动组织的游行

C. 如涉及民事诉讼,可以书面放弃管辖豁免

D. 如参与违法活动,需要承担责任

59．2018 回忆/单

甲乙两国因政治问题交恶,甲国将其驻乙国的大使馆降级为代办处。后乙国出现大规模骚乱,某乙国公民试图翻越围墙进入甲国驻乙国代办处,被甲国随员汤姆开枪打死。根据国际法的相关规则和实践,关于本案,下列哪一选项是正确的?

A. 因甲国主动将其驻乙国的大使馆降级为代办处,代办处不再享有使馆的特权与豁免

B. 随员汤姆的行为是为了保护代办处的安全,因此不负任何刑事责任

C. 乙国可以因随员汤姆的开枪行为对其采取刑事强制措施

D. 若甲国明示放弃汤姆的外交豁免权,则乙国可以对汤姆采取刑事强制措施

60．2017/1/33/单

甲、乙两国均为《维也纳外交关系公约》缔约国,甲国拟向乙国派驻大使馆工作人员。其中,杰克是武官,约翰是二秘,玛丽是甲国籍会计且非乙国永久居留者。依该公约,下列哪一选项是正确的?

A. 甲国派遣杰克前,无须先征得乙国同意

B. 约翰在履职期间参与贩毒活动,乙国司法机关不得对其进行刑事审判与处罚

C. 玛丽不享有外交人员的特权与豁免

D. 如杰克因参加斗殴意外死亡,其家属的特权与豁免自其死亡时终止

61．2012/1/32/单

甲乙丙3国均为《维也纳外交关系公约》缔约国。甲国汤姆长期旅居乙国,结识甲国驻乙国大使馆参赞杰克,2人在乙国与丙国汉斯发生争执并互殴,汉斯被打成重伤。后,杰克将汤姆秘匿于使馆休息室。关于事件的处理,下列哪一选项是正确的?

A. 杰克行为已超出职务范围,乙国可对其进行逮捕

B. 该使馆休息室并非使馆工作专用部分,乙国警察有权进入逮捕汤姆

C. 如该案件在乙国涉及刑事诉讼,杰克无作证义务

D. 因该案发生在乙国,丙国法院无权对此进行管辖

考点29　使馆和外交人员的义务

62．2014/1/74/多

甲乙丙三国因历史原因,冲突不断,甲国单方面暂时关闭了驻乙国使馆。艾诺是甲国派驻丙国使馆的二秘,近日被丙国宣布为不受欢迎的人。根据相关国际法规则,下列哪些选项是正确的?

A. 甲国关闭使馆应经乙国同意后方可实现

B. 乙国驻甲国使馆可用合法手段调查甲国情况，并及时向乙国作出报告
C. 丙国宣布艾诺为不受欢迎的人，须向甲国说明理由
D. 在丙国宣布艾诺为不受欢迎的人后，如甲国不将其召回或终止其职务，则丙国可拒绝承认艾诺为甲国驻丙国使馆人员

考点30 领事关系法

63． 2020 回忆/单
根据《维也纳外交关系公约》和《维也纳领事关系公约》，下列哪一选项是正确的？
A. 甲国驻乙国使馆有权在使馆内庇护涉嫌在乙国犯罪的丙国公民
B. 乙国有足够证据怀疑甲国驻乙国某领馆的邮袋内有爆炸物，若甲国领馆拒绝开拆，乙国可将该邮袋退回
C. 甲国有权声明乙国某外交人员为不受欢迎的人，但必须说明理由
D. 乙国驻甲国某领馆办公楼发生火灾，因为情况紧急，在乙国领馆馆长反对的情况下，甲国消防人员也可进入领馆

64． 2015/1/34/单
甲国与乙国基于传统友好关系，兼顾公平与效率原则，同意任命德高望重并富有外交经验的丙国公民布朗作为甲乙两国的领事官员派遣至丁国。根据《维也纳领事关系公约》，下列哪一选项是正确的？
A. 布朗既非甲国公民也非乙国公民，此做法违反《公约》
B. 《公约》没有限制，此做法无须征得丁国同意
C. 如丁国明示同意，此做法是被《公约》允许的
D. 如丙国与丁国均明示同意，此做法才被《公约》允许

65． 2013/1/32/单
甲乙两国均为《维也纳领事关系公约》缔约国，阮某为甲国派驻乙国的领事官员。关于阮某的领事特权与豁免，下列哪一表述是正确的？
A. 如犯有严重罪行，乙国可将其羁押
B. 不受乙国的司法和行政管辖
C. 在乙国免除作证义务
D. 在乙国免除缴纳遗产税的义务

考点31 特别使团

66． 2009/1/79/多
经乙国同意，甲国派特别使团与乙国进行特定外交任务谈判，甲国国民贝登和丙国国民奥马均为使团成员，下列哪些选项是正确的？

A. 甲国对奥马的任命需征得乙国同意，乙国一经同意则不可撤销此项同意
B. 甲国特别使团下榻的房舍遇到火灾而无法获得使团团长明确答复时，乙国可以推定获得同意进入房舍救火
C. 贝登在公务之外开车肇事被诉诸乙国法院，因贝登有豁免权乙国法院无权管辖
D. 特别使团也适用对使馆人员的"不受欢迎的人"的制度

专题六 条约法

考点32 条约的缔结程序和方式

67． 2015/1/76/多
依据《中华人民共和国缔结条约程序法》及中国相关法律，下列哪些选项是正确的？
A. 国务院总理与外交部长参加条约谈判，无需出具全权证书
B. 由于中国已签署《联合国国家及其财产管辖豁免公约》，该公约对我国具有拘束力
C. 中国缔结或参加的国际条约与中国国内法有冲突的，均优先适用国际条约
D. 经全国人大常委会决定批准或加入的条约和重要协定，由全国人大常委会公报公布

68． 2013/1/74/多
根据《维也纳条约法公约》和《中华人民共和国缔结条约程序法》，关于中国缔约程序问题，下列哪些表述是正确的？
A. 中国外交部长参加条约谈判，无需出具全权证书
B. 中国谈判代表对某条约作出待核准的签署，即表明中国表示同意受条约约束
C. 有关引渡的条约由全国人大常委会决定批准，批准书由国家主席签署
D. 接受多边条约和协定，由国务院决定，接受书由外交部长签署

69． 2012/1/74/多
中国参与某项民商事司法协助多边条约的谈判并签署了该条约，下列哪些表述是正确的？
A. 中国签署该条约后有义务批准该条约
B. 该条约须由全国人大常委会决定批准
C. 对该条约规定禁止保留的条款，中国在批准时不得保留
D. 如该条约获得批准，对于该条约与国内法有不同规定的部分，在中国国内可以直接适用，但中国声明保留的条款除外

考点33 条约的保留

70. 2020 回忆/多

甲、乙、丙、丁都是某多边条约的缔约国,条约规定缔约国之间就该条约产生的纠纷应由国际法院管辖。甲对此规定声明保留;乙国表示接受甲的保留;丙国不仅反对甲的保留,还反对条约在甲、丙两国之间生效;丁仅反对甲的保留,但不反对条约其他条款在甲、丁两国的适用。甲、乙、丙、丁都是《维也纳条约法公约》的缔约国,下列哪些判断是正确的?

A. 甲、乙之间因该条约产生的纠纷应由国际法院管辖
B. 丙国可反对甲国的保留,但不能反对条约在甲、丙两国之间生效
C. 甲、丁之间条约有效,保留所涉及的条款在两国之间视为不存在
D. 乙、丁之间因该条约产生的纠纷应由国际法院管辖

71. 2014/1/76/多

甲乙丙三国为某投资公约的缔约国,甲国在参加该公约时提出了保留,乙国接受该保留,丙国反对该保留,后乙丙丁三国又签订了涉及同样事宜的新投资公约。根据《维也纳条约法公约》,下列哪些选项是正确的?

A. 因乙丙丁三国签订了新公约,导致甲乙丙三国原公约失效
B. 乙丙两国之间应适用新公约
C. 甲乙两国之间应适用保留修改后的原公约
D. 尽管丙国反对甲国在原公约中的保留,甲丙两国之间并不因此而不发生条约关系

72. 2009/1/29/单

甲、乙、丙国同为一开放性多边条约缔约国,现丁国要求加入该条约。四国均为《维也纳条约法公约》缔约国。丁国对该条约中的一些条款提出保留,下列哪一判断是正确的?

A. 对于丁国提出的保留,甲、乙、丙必须接受
B. 丁国只能在该条约尚未生效时提出保留
C. 该条约对丁国生效后,丁国仍然可以提出保留
D. 丁国的加入可以在该条约生效之前或生效之后进行

考点34 条约的登记和生效

73. 2014/1/32/单

甲国分立为"东甲"和"西甲",甲国在联合国的席位由"东甲"继承,"西甲"决定加入联合国。"西甲"与乙国(联合国成员)交界处时有冲突发生。根据相关国际法规则,下列哪一选项是正确的?

A. 乙国在联大投赞成票支持"西甲"入联,一般构成对"西甲"的承认
B. "西甲"认为甲国与乙国的划界条约对其不产生效力
C. "西甲"入联后,其所签订的国际条约必须在秘书处登记方能生效
D. 经安理会9个理事国同意后,"西甲"即可成为联合国的会员国

74. 2010/1/32/单

中国拟与甲国就有关贸易条约进行谈判。根据我国相关法律规定,下列哪一选项是正确的?

A. 除另有约定,中国驻甲国大使参加该条约谈判,无须出具全权证书
B. 中国驻甲国大使必须有外交部长签署的全权证书方可参与谈判
C. 该条约在任何条件下均只能以中国和甲国两国的官方文字作准
D. 该条约在缔结后应由中国驻甲国大使向联合国秘书处登记

考点35 条约的终止

75. 2008/1/98/任

菲德罗河是一条依次流经甲乙丙丁四国的多国河流。1966年,甲乙丙丁四国就该河流的航行事项缔结条约,规定缔约国船舶可以在四国境内的该河流中通航。2005年底,甲国新当选的政府宣布:因乙国政府未能按照条约的规定按时维修其境内航道标志,所以甲国不再受上述条约的拘束,任何外国船舶进入甲国境内的菲德罗河段,均须得到甲国政府的专门批准。自2006年起,甲国开始拦截和驱逐未经其批准而驶入甲国河段的乙丙丁国船舶,并发生多起扣船事件。对此,根据国际法的有关规则,下列表述正确的是:

A. 由于乙国未能履行条约义务,因此,甲国有权终止该条约
B. 若乙丙丁三国一致同意,可以终止该三国与甲国间的该条约关系
C. 若乙丙丁三国一致同意,可以终止该条约
D. 甲乙两国应分别就其上述未履行义务的行为,承担同等的国家责任

专题七 国际争端的和平解决

考点36 国际争端的解决方式

76. 2022 回忆/单

甲、乙两国边界发生局部武装冲突,甲

国封锁了乙国边境,丙国邀请两国到丙国谈判。按照现有国际法规则,以下哪一说法是正确的?
A. 甲、乙两国元首到丙国前,两国可以通过网络秘密谈判
B. 甲、乙两国元首到丙国谈判时,丙国元首可以参加谈判
C. 甲、乙两国元首到丙国谈判时,丙国元首可以主持谈判
D. 甲国可派军舰封锁乙国海岸,禁止乙国海军前往乙国海峡

77． 2011/1/76/多
根据国际法相关规则,关于国际争端解决方式,下列哪些表述是正确的?
A. 甲乙两国就界河使用发生纠纷,丙国为支持甲国可出面进行武装干涉
B. 甲乙两国发生边界争端,丙国总统可出面进行调停
C. 甲乙两国可书面协议将两国的专属经济区争端提交联合国国际法院,国际法院对此争端拥有管辖权
D. 国际法院可就国际争端解决提出咨询意见,该意见具有法律拘束力

考点37 国际法院

78． 2022 回忆/多
甲国国际法学者艾德拟参选联合国国际法院法官,安理会常任理事国乙国表示反对。关于相关的国际法规则,下列哪些说法是正确的?
A. 艾德在联合国大会投票表决中获得2/3多数票即可当选
B. 若乙国投出否决票,则艾德不能当选
C. 若艾德当选,对涉及甲国的案件不需要申请回避
D. 若艾德未当选,在国际法院受理的涉及甲国的案件中,可以被选派为"专案法官"参加案件审理

79． 2016/1/34/单
关于国际法院,依《国际法院规约》,下列哪一选项是正确的?
A. 安理会常任理事国对法官选举拥有一票否决权
B. 国际法院是联合国的司法机关,有诉讼管辖和咨询管辖两项职权
C. 联合国秘书长可就执行其职务中的任何法律问题请求国际法院发表咨询意见
D. 国际法院做出判决后,如当事国不服,可向联合国大会上诉

80． 2013/1/34/单
关于联合国国际法院的表述,下列哪一选项是正确的?
A. 联合国常任理事国对国际法院法官的选举不具有否决权
B. 国际法院法官对涉及其国籍国的案件,不适用回避制度,即使其就任法官前曾参与该案件
C. 国际法院判决对案件当事国具有法律拘束力,构成国际法的渊源
D. 国际法院作出的咨询意见具有法律拘束力

81． 2011/1/34/单
甲乙两国协议将其边界领土争端提交联合国国际法院。国际法院作出判决后,甲国拒不履行判决确定的义务。根据《国际法院规约》,关于乙国,下列哪一说法是正确的?
A. 可申请国际法院指令甲国内法院强制执行
B. 可申请由国际法院强制执行
C. 可向联合国安理会提出申诉,请求由安理会作出建议或决定采取措施执行判决
D. 可向联大法律委员会提出申诉,由法律委员会决定采取行动执行判决

82． 2008/1/29/单
甲国是联合国的会员国。2006年,联合国驻甲国的某机构以联合国的名义,与甲国政府签订协议,购买了一批办公用品。由于甲国交付延期,双方产生纠纷。根据《联合国宪章》和有关国际法规则,下列哪一选项是正确的?
A. 作为政治性国际组织,联合国组织的上述购买行为自始无效
B. 上述以联合国名义进行的行为,应视为联合国所有会员国的共同行为
C. 联合国大会有权就该项纠纷向国际法院提起针对甲国的诉讼,不论甲国是否同意
D. 联合国大会有权就该项纠纷请求国际法院发表咨询意见,不论甲国是否同意

考点38 国际海洋法法庭

83． 2023 回忆/多
甲国是新独立的国家,成立后加入了《联合国海洋法公约》,但未加入联合国。乙国是甲国邻国,双方存在专属经济区划界争端。现乙国在争议海域对甲国船舶进行武装执法。甲国将此情况提请安理会审议,请求安理会关注这一事件可能带来的安全与和平风险。后两国谈判失败,甲国依《联合国海洋法公约》申请进入强制程序,并选择国际法院解决争端,乙国则选择《联合国海洋法公约》附件七的仲裁法庭解决。根据现有国际法相关规则,下列哪些说法

是正确的?
A．应由仲裁法庭解决本争端
B．经乙国同意,可选择国际法院解决本争端
C．可依甲国请求,由国际海洋法法庭解决本争端
D．甲国不是联合国成员,不能提请安理会审议争端

84． 2017/1/34/单
甲、乙、丙三国对某海域的划界存在争端,三国均为《联合国海洋法公约》缔约国。甲国在批准公约时书面声明海洋划界的争端不接受公约的强制争端解决程序,乙国在签署公约时口头声明选择国际海洋法法庭的管辖,丙国在加入公约时书面声明选择国际海洋法法庭的管辖。依相关国际法规则,下列哪一选项是正确的?
A．甲国无权通过书面声明排除公约强制程序的适用
B．国际海洋法法庭对该争端没有管辖权
C．无论三国选择与否,国际法院均对该争端有管辖权
D．国际海洋法法庭的设立排除了国际法院对海洋争端的管辖权

85． 2014/1/97/任
甲乙两国就海洋的划界一直存在争端,甲国在签署《联合国海洋法公约》时以书面声明选择了海洋法法庭的管辖权,乙国在加入公约时没有此项选择管辖的声明,但希望争端通过多种途径解决。根据相关国际法规则,下列选项正确的是:
A．海洋法法庭的设立不排除国际法院对海洋活动争端的管辖
B．海洋法法庭因甲国单方选择管辖的声明而对该争端具有管辖权
C．如甲乙两国选择以协商解决争端,除特别约定,两国一般没有达成有拘束力的协议的义务
D．如丙国成为双方争端的调停国,则应对调停的失败承担法律后果

86． 2012/1/33/单
甲、乙是联合国会员国。甲作出了接受联合国国际法院强制管辖的声明,乙未作出接受联合国国际法院强制管辖的声明。甲、乙也是《联合国海洋法公约》的当事国,现对相邻海域中某岛屿归属产生争议。关于该争议的处理,下列哪一选项是不符合国际法的?
A．甲、乙可达成协议将争议提交国际法院
B．甲、乙可自愿选择将争议提交联合国国际法院或国际海洋法法庭
C．甲可单方将争议提交联合国国际法院
D．甲、乙可自行协商解决争议

专题八 战争与武装冲突法

考点39 战争开始的法律后果

87． 2022 回忆/单
甲乙两国发生战争,两国的共同邻国丙国宣布战时中立。根据国际法相关规则,下列哪一说法是正确的?
A．甲国可没收乙国的使馆财产
B．甲国驻乙国大使馆的外交人员自两国宣战时起不再享有外交特权和豁免
C．甲国不可没收乙国战俘的金钱与贵重财产
D．为缩短后勤补给时间,甲国可借丙国领土运送军用物资

88． 2021 回忆/单
甲、乙两国发生武装冲突。地区大国丙提出停火方案,并邀请甲、乙两国代表到丙国首都和谈。丙国参与和谈,三国随后以联合声明的方式发布停火协议。后因甲、乙两国对停火协议理解不同,再次发生武装冲突。以下哪一选项符合国际法的规定?
A．甲、乙两国宣战后,甲国可以没收乙国驻甲国大使馆的财产
B．停火协议系经丙国调停
C．甲、乙两国宣战后,甲国A公司与乙国B公司已经签订的商业合同自动废止
D．丙国应对停火协议产生的争议承担法律责任

89． 2008/1/79/多
甲乙两国由于边界纠纷引发武装冲突,进而彼此宣布对方为敌国。目前乙国军队已突入甲国境内,占领了甲国边境的桑诺地区。根据与武装冲突相关的国际法规则,下列哪些选项符合国际法?
A．甲国对位于其境内的乙国国家财产,包括属于乙国驻甲国使馆的财产,不可予以没收
B．甲国对位于其境内的乙国国民的私有财产,予以没收
C．乙国对桑诺地区的甲国公民的私有财产,予以没收
D．乙国强令位于其境内的甲国公民在规定时间内进行敌侨登记

考点40 战时中立

90． 2012/1/34/单
甲、乙国发生战争,丙国发表声明表示恪守战时中立义务。对此,下列哪一做法不符合战争法?
A．甲、乙战争开始后,除条约另有规定外,二国间商务条约停止效力

B. 甲、乙不得对其境内敌国人民的私产予以没收
C. 甲、乙交战期间,丙可与其任一方保持正常外交和商务关系
D. 甲、乙交战期间,丙同意甲通过自己的领土过境运输军用装备

考点41 保护战时平民和战争受难者

91． 2009/1/78/多

甲乙两国因边境冲突引发战争,甲国军队俘获数十名乙国战俘。依《日内瓦公约》,关于战俘待遇,下列哪些选项是正确的?

A. 乙国战俘应保有其被俘时所享有的民事权利
B. 战事停止后甲国可依乙国战俘的情形决定遣返或关押
C. 甲国不得将乙国战俘扣为人质
D. 甲国为使本国某地区免受乙国军事攻击可在该地区安置乙国战俘

国际私法 [试题]

扫一扫，"码"上做题

微信扫码，即可上线做题、看解析。
多种做题模式：章节自测、单科集训、随机演练等。

专题九　国际私法概述

考点42 国际私法的渊源和调整对象

92． 2018 回忆/任

定居在上海的英国公民汤姆和定居在英国的中国公民张某波合伙做中国文创产品出口生意。为了保证货源，张某波与定居在上海的中国公民李某在巴黎签订了购买一批位于上海的手工艺品的合同。根据我国《涉外民事关系法律适用法》及相关司法解释的规定，下列说法正确的是：

A．汤姆和张某波之间的合伙属于涉外民事关系
B．张某波和李某之间的买卖合同不属于涉外民事关系
C．如果这批手工艺品被市场监督管理部门扣押，张某波申请返还，则张某波和市场监督管理部门之间构成涉外民事关系
D．汤姆和李某之间的民事关系不应被认定为涉外民事关系，因他们都定居在上海

专题十　国际私法的主体

考点43 自然人经常居所地的确定

93． 2013/1/37/单

张某居住在深圳，2008年3月被深圳某公司劳务派遣到马来西亚工作，2010年6月回深圳，转而受雇于香港某公司，其间每周一到周五在香港上班，周五晚上回深圳与家人团聚。2012年1月，张某离职到北京治病，2013年6月回深圳，现居该地。依《涉外民事关系法律适用法》（不考虑该法生效日期的因素）和司法解释，关于张某经常居所地的认定，下列哪一表述是正确的？

A．2010年5月，在马来西亚
B．2011年12月，在香港
C．2013年4月，在北京
D．2008年3月至今，一直在深圳

专题十一　冲突规范和准据法

考点44 冲突规范

94． 2011/1/38/单

《涉外民事关系法律适用法》规定：结婚条件，适用当事人共同经常居所地法律；没有共同经常居所地的，适用共同国籍国法律；没有共同国籍，在一方当事人经常居所地或者国籍国缔结婚姻的，适用婚姻缔结地法律。该规定属于下列哪一种冲突规范？

A．单边冲突规范
B．重叠适用的冲突规范
C．无条件选择适用的冲突规范
D．有条件选择适用的冲突规范

考点45 准据法的确定

95． 2011/1/39/单

中国某法院受理一涉外民事案件后，依案情确定应当适用甲国法。但在查找甲国法时发现甲国不同州实施不同的法律。关于本案，法院应当采取下列哪一做法？

A．根据意思自治原则，由当事人协议决定适用甲国哪个州的法律
B．直接适用甲国与该涉外民事关系有最密切联系的州法律
C．首先适用甲国区际冲突法确定准据法，如甲国没有区际冲突法，适用中国法律
D．首先适用甲国区际冲突法确定准据法，如甲国没有区际冲突法，适用与案件有最密切联系的州法律

96． 2010/1/33/单

关于冲突规范和准据法，下列哪一判断是错误的？

A．冲突规范与实体规范相似
B．当事人的属人法包括当事人的本国法和住所地法
C．当事人的本国法指的是当事人国籍所属国的法律

D. 准据法是经冲突规范指引、能够具体确定国际民事法律关系当事人权利义务的实体法

专题十二 适用冲突规范的制度

考点46 定性(识别)

97． 2002/1/20/单

一对夫妇,夫为泰国人,妻为英国人。丈夫在中国逝世后,妻子要求中国法院判决丈夫在中国的遗产归其所有。判断妻子对其夫财产的权利是基于夫妻财产关系的权利还是妻子对丈夫的继承权利的问题在国际私法上被称为什么?

A. 二级识别　　　B. 识别
C. 法律适用　　　D. 先决问题

考点47 反致

98． 2019回忆/单

新西兰人甲在中国某法院涉诉,其纠纷依中国法应适用新西兰法,依新西兰法应适用中国法。根据我国《涉外民事关系法律适用法》,下列哪项判断是正确的?

A. 该纠纷应适用中国实体法
B. 该纠纷应适用新西兰实体法
C. 依最密切联系原则选择实体法
D. 因中国法和新西兰法冲突,法院应驳回起诉

99． 2002/1/21/单

塞纳具有甲国国籍,住所在乙国,于1988年死亡。塞纳的亲属要求继承其遗留在丙国的不动产并诉至丙国法院。丙国法院依据本国的冲突规范应适用塞纳的本国法即甲国法;但依甲国冲突规范规定又应适用塞纳的住所地法即乙国法;而乙国冲突规范规定应适用不动产所在地法律即丙国法律。此时,丙国法院适用自己本国法律的行为属于下列哪一选项?

A. 直接反致
B. 间接反致
C. 转致
D. 双重反致

考点48 外国法的查明

100． 2013/1/36/单

根据《涉外民事关系法律适用法》和司法解释,关于外国法律的查明问题,下列哪一表述是正确的?

A. 行政机关无查明外国法律的义务
B. 查明过程中,法院应当听取各方当事人对应当适用的外国法律的内容及其理解与适用的意见

C. 无法通过中外法律专家提供的方式获得外国法律的,法院应认定为不能查明
D. 不能查明的,应视为相关当事人的诉讼请求无法律依据

101． 2011/1/35/单

在某涉外合同纠纷案件审判中,中国法院确定应当适用甲国法律。关于甲国法的查明和适用,下列哪一说法是正确的?

A. 当事人选择适用甲国法律的,法院应当协助当事人查明该国法律
B. 该案适用的甲国法包括该国的法律适用法
C. 不能查明甲国法的,适用中华人民共和国法律
D. 不能查明甲国法的,驳回当事人的诉讼请求

102． 2008/1/35/单

我国"协航"号轮与甲国"瑟皇"号轮在乙国领海发生碰撞。"协航"号轮返回中国后,"瑟皇"号轮的所有人在我国法院对"协航"号轮所属的船公司提起侵权损害赔偿之诉。在庭审过程中,双方均依乙国法律提出请求或进行抗辩。根据这一事实,下列哪一选项是正确的?

A. 因双方均依据乙国法律提出请求或进行抗辩,故应由当事人负责证明乙国法律,法院无须查明
B. 法院应依职权查明乙国法律,双方当事人无须证明
C. 法院应依职权查明乙国法律,也可要求当事人证明乙国法律的内容
D. 应由双方当事人负责证明乙国法律,在其无法证明时,才由法院依职权查明

考点49 法律规避

103． 2010/1/81/多

根据我国相关法律规定,关于合同法律适用问题上的法律规避,下列哪些选项是正确的?

A. 当事人规避中国法律强制性规定的,应当驳回起诉
B. 当事人规避中国法律强制性规定的,不发生适用外国法律的效力
C. 如果当事人采用明示约定的方式,则其规避中国法律强制性规定的行为将为法院所认可
D. 当事人在合同关系中规避中国法律强制性规定的行为无效,该合同应适用中国法

考点50 公共秩序保留与直接适用的法

104． 2014/1/77/多

中国甲公司与巴西乙公司因合同争议在中国法院提起诉讼。关于该案的法律适用,下列哪

些选项是正确的?
A. 双方可协议选择合同争议适用的法律
B. 双方应在一审开庭前通过协商一致,选择合同争议适用的法律
C. 因法院地在中国,本案的时效问题应适用中国法
D. 如案件涉及中国环境安全问题,该问题应适用中国法

105. 2014/1/98/任
根据我国法律和司法解释,关于涉外民事关系适用的外国法律,下列说法正确的是:
A. 不能查明外国法律,适用中国法律
B. 如果中国法有强制性规定,直接适用该强制性规定
C. 外国法律的适用将损害中方当事人利益的,适用中国法
D. 外国法包括该国法律适用法

106. 2013/1/35/单
中国甲公司与德国乙公司进行一项商事交易,约定适用英国法律。后双方发生争议,甲公司在中国法院提起诉讼。关于该案的法律适用问题,下列哪一选项是错误的?
A. 如案件涉及食品安全问题,该问题应适用中国法
B. 如案件涉及外汇管制问题,该问题应适用中国法
C. 应直接适用的法律限于民事性质的实体法
D. 法院在确定应当直接适用的中国法律时,无需再通过冲突规范的指引

专题十三 国际民商事关系的法律适用

考点51 意思自治原则在法律适用中的运用

107. 2015/1/77/多
在某合同纠纷中,中国当事方与甲国当事方协议选择适用乙国法,并诉至中国法院。关于该合同纠纷,下列哪些选项是正确的?
A. 当事人选择的乙国法,仅指该国的实体法,既不包括其冲突法,也不包括其程序法
B. 如乙国不同州实施不同的法律,人民法院应适用该国首都所在地的法律
C. 在庭审中,中国当事方以乙国与该纠纷无实际联系为由主张法律选择无效,人民法院不应支持
D. 当事人在一审法庭辩论即将结束时决定将选择的法律变更为甲国法,人民法院不应支持

108. 2013/1/98/任
在涉外民事关系中,依《涉外民事关系法律适用法》和司法解释,关于当事人意思自治原则,下列表述中正确的是:
A. 当事人选择的法律应与所争议的民事关系有实际联系
B. 当事人仅可在具有合同性质的涉外民事关系中选择法律
C. 在一审法庭辩论终结前,当事人有权协议选择或变更选择适用的法律
D. 各方当事人援引相同国家的法律且未提出法律适用异议的,法院可以认定当事人已经就涉外民事关系适用的法律作出了选择

109. 2011/1/77/多
根据我国有关法律规定,关于涉外民事关系的法律适用,下列哪些领域采用当事人意思自治原则?
A. 合同   B. 侵权
C. 不动产物权   D. 诉讼离婚

考点52 自然人权利能力和行为能力的法律适用

110. 2012/1/35/单
甲国公民琼斯的经常居所地在乙国,其在中国居留期间,因合同纠纷在中国法院参与民事诉讼。关于琼斯的民事能力的法律适用,下列哪一选项是正确的?
A. 民事权利能力适用甲国法
B. 民事权利能力适用中国法
C. 民事行为能力应重叠适用甲国法和中国法
D. 依照乙国法琼斯为无民事行为能力,依照中国法为有民事行为能力的,其民事行为能力适用中国法

111. 2009/1/36/单
中国籍人李某2008年随父母定居甲国,甲国法律规定自然人具有完全民事行为能力的年龄为21周岁。2009年7月李某19周岁,在其回国期间与国内某电脑软件公司签订了购买电脑软件的合同,合同分批履行。李某在部分履行合同后,以不符合甲国有关完全民事行为能力年龄法律规定为由,主张合同无效,某电脑软件公司即向我国法院起诉。依我国相关法律规定,下列哪一说法是正确的?
A. 应适用甲国法律认定李某不具有完全行为能力
B. 应适用中国法律认定李某在中国的行为具有完全行为能力
C. 李某已在甲国定居,在中国所为行为应适用

定居国法律

D. 李某在甲国履行该合同的行为应适用甲国法律

考点53 宣告失踪和宣告死亡的法律适用

112． 2016/1/35/单

经常居所同在上海的越南公民阮某与中国公民李某结伴乘新加坡籍客轮从新加坡到印度游玩。客轮在公海遇风暴沉没，两人失踪。现两人亲属在上海某法院起诉，请求宣告两人失踪。依中国法律规定，下列哪一选项是正确的？

A. 宣告两人失踪，均应适用中国法
B. 宣告阮某失踪，可适用中国法或越南法
C. 宣告李某失踪，可适用中国法或新加坡法
D. 宣告阮某与李某失踪，应分别适用越南法与中国法

113． 2014/1/36/单

经常居住于中国的英国公民迈克，乘坐甲国某航空公司航班从甲国出发，前往中国，途经乙国领空时，飞机失去联系。若干年后，迈克的亲属向中国法院申请宣告其死亡。关于该案件应适用的法律，下列哪一选项是正确的？

A. 中国法　　　　B. 英国法
C. 甲国法　　　　D. 乙国法

考点54 法人权利能力和行为能力的法律适用

114． 2023 回忆/单

注册地在开曼群岛的甲公司，主营业地在中国上海，因公司部分股东主张股东会决议侵犯了其股东权利，提起诉讼，请求法院撤销该决议。关于本案的法律适用，下列哪一说法是正确的？

A. 可以协议选择适用法律
B. 应当适用中国法
C. 可以适用开曼群岛法和中国法
D. 开曼群岛是英国海外领地，适用英国法

115． 2016/1/77/多

韩国公民金某在新加坡注册成立一家公司，主营业地设在香港地区。依中国法律规定，下列哪些选项是正确的？

A. 该公司为新加坡籍
B. 该公司拥有韩国与新加坡双重国籍
C. 该公司的股东权利义务适用中国内地法
D. 该公司的民事权利能力与行为能力可适用香港地区法或新加坡法

116． 2014/1/35/单

德国甲公司与中国乙公司在中国共同设立了某合资有限责任公司，后甲公司以确认其在合资公司的股东权利为由向中国某法院提起诉讼。关于本案的法律适用，下列哪一选项是正确的？

A. 因合资公司登记地在中国，故应适用中国法
B. 因侵权行为地在中国，故应适用中国法
C. 因争议与中国的联系更密切，故应适用中国法
D. 当事人可协议选择纠纷应适用的法律

117． 2011/1/36/单

甲国A公司和乙国B公司共同出资组建了C公司，C公司注册地和主营业地均在乙国，同时在甲国、乙国和中国设有分支机构，现涉及中国某项业务诉诸中国某法院。根据我国相关法律规定，该公司的民事行为能力应当适用哪国法律？

A. 甲国法　　　　B. 乙国法
C. 中国法　　　　D. 乙国法或者中国法

考点55 时效的法律适用

118． 2021 回忆/单

中国甲公司与英国乙公司签订了商事合同，约定合同适用英国法。现甲、乙两公司因合同履行发生纠纷诉至中国某法院，根据我国法律和相关司法解释，下列哪一项说法是正确的？

A. 若英国存在多个法域，该合同纠纷应适用伦敦所在的英格兰法
B. 若双方在一审法庭辩论时约定该纠纷的诉讼时效适用中国法，应从其约定
C. 若双方在一审法庭辩论时将合同适用的法律变更为苏格兰法，法院应予支持
D. 关于诉讼时效规定应适用英国法

119． 2017/1/79/多

中国甲公司与英国乙公司签订一份商事合同，约定合同纠纷适用英国法。合同纠纷发生4年后，乙公司将甲公司诉至某人民法院。英国关于合同纠纷的诉讼时效为6年。关于本案的法律适用，下列哪些选项是正确的？

A. 本案的诉讼时效应适用中国法
B. 本案的实体问题应适用英国法
C. 本案的诉讼时效与实体问题均应适用英国法
D. 本案的诉讼时效应适用中国法，实体问题应适用英国法

考点56 信托的法律适用

120． 2017/1/77/多

新加坡公民王颖与顺捷国际信托公司在北京签订协议，将其在中国的财产交由该公司管理，并指定受益人为其幼子李力。在管理信托财产的过程中，王颖与顺捷公司发生纠纷，并诉至某人民法院。关于该信托纠纷的法律适用，下列哪些选项是正确的？

A. 双方可协议选择适用瑞士法
B. 双方可协议选择适用新加坡法
C. 如双方未选择法律,法院应适用中国法
D. 如双方未选择法律,法院应在中国法与新加坡法中选择适用有利于保护李力利益的法律

考点57 仲裁协议的法律适用

121． 2020 回忆/多

中国甲公司和泰国乙公司签订买卖合同,合同约定因履行合同产生的纠纷适用德国法,合同纠纷可由北京仲裁委员会在新加坡仲裁,也可向中国法院起诉。后双方发生履约纠纷,中国甲公司诉至中国某法院,泰国乙公司则认为纠纷应通过仲裁解决。根据我国相关法律规定,下列哪些选项是错误的?
A. 北京仲裁委员会只能在中国工作,合同约定仲裁地在新加坡,该仲裁条款无效
B. 因买卖合同选择了德国法,故应适用德国法来认定仲裁条款的效力
C. 对该仲裁条款的效力应由北京仲裁委员会作出决定
D. 应直接适用中国法认定该仲裁条款无效

考点58 物权的法律适用

122． 2020 回忆/单

甲国一马戏团带着动物明星小狗皮皮来中国演出,因管理人员看管不利,小狗皮皮逃脱被中国公民王某抓获,王某在中国将小狗皮皮卖给甲国公民莉莉。现甲国马戏团在中国某法院起诉,要求莉莉归还小狗皮皮。根据我国《涉外民事关系法律适用法》,我国法院应如何认定本案动物权的法律适用?
A. 若当事双方协议选择乙国法,法院应不予适用
B. 应当适用双方共同国籍国的甲国法
C. 应当适用中国法或甲国法
D. 应当适用中国法

123． 2018 回忆/单

经常居住在天津的德国公民托马斯家中名画失窃,该画后被中国公民李伟在韩国艺术品市场购得。托马斯得知李伟将画带回中国并委托拍卖公司在天津拍卖,欲通过诉讼要回该画作。根据我国《涉外民事关系法律适用法》,关于本案下列一说法是正确的?
A. 托马斯的诉讼行为能力应适用德国法来判断
B. 关于该画作的物权问题,当事双方应当在与案件有实际联系的德国法、中国法以及韩国法中进行选择
C. 关于该画作的物权问题,当事双方不能就准据法的选择达成一致时,应适用韩国法
D. 关于该画作的物权问题,当事双方不能就准据法的选择达成一致时,应适用法院地法即中国法

124． 2015/1/36/单

2014年1月,北京居民李某的一件珍贵首饰在家中失窃后被窃贼带至甲国。同年2月,甲国居民陈某在当地珠宝市场购得该首饰。2015年1月,在获悉陈某将该首饰带回北京拍卖的消息后,李某在北京某法院提起原物返还之诉。关于该首饰所有权的法律适用,下列哪一选项是正确的?
A. 应适用中国法
B. 应适用甲国法
C. 如李某与陈某选择适用甲国法,不应支持
D. 如李某与陈某无法就法律选择达成一致,应适用甲国法

125． 2011/1/98/任

A公司和B公司于2011年5月20日签订合同,由A公司将一批平板电脑售给B公司。A公司和B公司营业地分别位于甲国和乙国,两国均为《联合国国际货物销售合同公约》缔约国。合同项下的货物由丙国C公司的"潇湘"号商船承运,装运港是甲国某港口,目的港为乙国某港口。在运输途中,B公司与中国D公司就货物转卖达成协议。

B公司与D公司就运输途中平板电脑的所有权产生了争议,D公司将争议诉诸中国某法院。根据我国有关法律适用的规定,关于平板电脑所有权的法律适用,下列选项正确的是:
A. 当事人有约定的,可以适用当事人选择的法律,也可以适用乙国法
B. 当事人有约定的,应当适用当事人选择的法律
C. 当事人没有约定的,应当适用甲国法
D. 当事人没有约定的,应当适用乙国法

考点59 合同之债的法律适用

126． 2019 回忆/单

法国人皮埃尔与主营业地在深圳的旭日公司签订劳动合同,并根据劳动合同被派往在尼日利亚的分公司工作。后皮埃尔被旭日公司解雇,诉至中国深圳某法院。法院应适用哪个国家的法律?
A. 法国法、中国法或尼日利亚法中对皮埃尔有利的法律
B. 法国法,因为皮埃尔为法国籍
C. 中国法,因为旭日公司主营业地在中国
D. 尼日利亚法,因皮埃尔工作地在尼日利亚

127． 2015/1/35/单

沙特某公司在华招聘一名中国籍雇员

张某。为规避中国法律关于劳动者权益保护的强制性规定,劳动合同约定排他性地适用菲律宾法。后因劳动合同产生纠纷,张某向中国法院提起诉讼。关于该劳动合同的法律适用,下列哪一选项是正确的?
  A. 适用沙特法
  B. 因涉及劳动者权益保护,直接适用中国的强制性规定
  C. 在沙特法、中国法与菲律宾法中选择适用对张某最有利的法律
  D. 适用菲律宾法

128. 2014/1/38/单
甲国公民大卫被乙国某公司雇佣,该公司主营业地在丙国,大卫工作内容为巡回到东亚地区进行产品售后服务,后双方因劳动合同纠纷诉诸中国某法院。关于该纠纷应适用的法律,下列哪一选项是正确的?
  A. 中国法   B. 甲国法
  C. 乙国法   D. 丙国法

129. 2010/1/35/单
甲国公司与乙国航运公司订立海上运输合同,由丙国籍船舶"德洋"号运输一批货物,有关"德洋"号的争议现在中国法院审理。根据我国相关法律规定,下列哪一选项是正确的?
  A. 该海上运输合同应适用船旗国法律
  B. 有关"德洋"号抵押权的受偿顺序应适用法院地法律
  C. 有关"德洋"号船舶优先权的争议应适用丙国法律
  D. 除法律另有规定外,甲国公司与乙国航运公司可选择适用于海上运输合同的法律

考点60 侵权之债的法律适用

130. 2020回忆/单
定居瑞士的英国明星大卫来中国旅游时,发现中国甲公司未经其同意在公司微信公众号中擅自使用其肖像宣传。大卫在中国某法院起诉甲公司,要求甲公司停止侵权并赔礼道歉。我国法院处理本案时应如何适用法律?
  A. 双方当事人协议选择中国法的,应当适用中国法
  B. 适用大卫经常居所地的瑞士法
  C. 因大卫是英国人,应当适用英国法
  D. 因微信是在中国发行的软件,应当适用中国法

131. 2017/1/35/单
经常居所在广州的西班牙公民贝克,在服务器位于西班牙的某网络论坛上发帖诽谤经常居所在新加坡的中国公民王某。现王某将贝克诉至广州某法院,要求其承担侵害名誉权的责任。关于该纠纷的法律适用,下列哪一选项是正确的?
  A. 侵权人是西班牙公民,应适用西班牙法
  B. 被侵权人的经常居所在新加坡,应适用新加坡法
  C. 被侵权人是中国公民,应适用中国法
  D. 论坛服务器在西班牙,应适用西班牙法

132. 2015/1/37/单
甲国游客杰克于2015年6月在北京旅游时因过失导致北京居民孙某受重伤。现孙某在北京以杰克为被告提起侵权之诉。关于该侵权纠纷的法律适用,下列哪一选项是正确的?
  A. 因侵权行为发生在中国,应直接适用中国法
  B. 如当事人在开庭前协议选择适用乙国法,应予支持,但当事人应向法院提供乙国法的内容
  C. 因本案仅与中国、甲国有实际联系,当事人只能在中国法与甲国法中进行选择
  D. 应在中国法与甲国法中选择适用更有利于孙某的法律

133. 2012/1/79/多
甲国公民A与乙国公民B的经常居住地均在中国,双方就丙国境内发生的侵权纠纷在中国法院提起诉讼。关于该案的法律适用,下列哪些选项是正确的?
  A. 如侵权行为发生后双方达成口头协议,就纠纷的法律适用做出了选择,应适用协议选择的法律
  B. 如侵权行为发生后双方达成书面协议,就纠纷的法律适用做出了选择,应适用协议选择的法律
  C. 如侵权行为发生后双方未选择纠纷适用的法律,应适用丙国法
  D. 如侵权行为发生后双方未选择纠纷适用的法律,应适用中国法

134. 2011/1/78/多
甲国人特里长期居于乙国,丙国人王某长期居于中国,两人在北京经营相互竞争的同种产品。特里不时在互联网上发布不利于王某的消息,王某在中国法院起诉特里侵犯其名誉权、肖像权和姓名权。关于该案的法律适用,根据我国相关法律规定,下列哪些选项是错误的?
  A. 名誉权的内容应适用中国法律,因为权利人的经常居住地在中国
  B. 肖像权的侵害适用甲国法律,因为侵权人是

甲国人

C. 姓名权的侵害适用乙国法律,因为侵权人的经常居所地在乙国

D. 网络侵权应当适用丙国法律,因为被侵权人是丙国人

135． 2010/1/99/任

某批中国货物由甲国货轮"盛京"号运送,提单中写明有关运输争议适用中国《海商法》。"盛京"号在公海航行时与乙国货轮"万寿"号相撞。两轮先后到达中国某港口后,"盛京"号船舶所有人在中国海事法院申请扣押了"万寿"号,并向法院起诉要求"万寿"号赔偿依其过失比例造成的撞碰损失。根据中国相关法律规定,下列选项正确的是:

A. 碰撞损害赔偿应重叠适用两个船旗国的法律

B. "万寿"号与"盛京"号的碰撞争议应适用甲国法律

C. "万寿"号与"盛京"号的碰撞争议应适用中国法律

D. "盛京"号运输货物的合同应适用中国《海商法》

136． 2009/1/83/任

甲国贸易公司航次承租乙国籍货轮"锦绣"号将一批货物从甲国运往中国,运输合同载有适用甲国法律的条款。"锦绣"号停靠丙国某港时与丁国籍轮"金象"号相撞,有关货损和碰撞案在中国法院审理。关于该案的法律适用,下列哪些选项是正确的?

A. 有关航次租船运输合同的争议应适用与合同有最密切联系的法律

B. 有关航次租船运输合同的争议应适用甲国法律

C. 因为"锦绣"号与"金象"号的国籍不同,两轮的碰撞纠纷应适用法院地法解决

D. "锦绣"号与"金象"号的碰撞应适用丙国法律

考点61 不当得利、无因管理的法律适用

137． 2021 回忆/单

经常居住地在巴黎的法国人玛丽在广州工作,2020年圣诞节玛丽回国后,其饲养的宠物猫从阳台跃入邻居李某家被后者收留和饲养。玛丽回广州后,李某归还并要求支付饲养费用,玛丽拒绝。李某向中国某法院起诉,下列哪一选项是正确的?

A. 若李某和玛丽未选择法律,法院应在中国法和法国法中择一适用

B. 若李某和玛丽协议选择适用德国法,法院应予支持

C. 只能适用中国法

D. 李某和玛丽只能在中国法和法国法中选择其中之一适用

138． 2019 回忆/单

中国人潘某在泰国旅游期间生病晕倒,在泰国出差的德国人马克将潘某送入医院并垫付了医药费,潘某伤好出院后回国。马克向上海某法院起诉潘某,要求其偿还医药费。已知潘某和马克都定居上海,且双方没有选择法律,法院解决本案争端应适用哪国法?

A. 中国法

B. 日本法

C. 泰国法

D. 最密切联系地法

139． 2016/1/36/单

英国公民苏珊来华短期旅游,因疏忽多付房费1000元,苏珊要求旅店返还遭拒后,将其诉至中国某法院。关于该纠纷的法律适用,下列哪一选项是正确的?

A. 因与苏珊发生争议的旅店位于中国,因此只能适用中国法

B. 当事人可协议选择适用瑞士法

C. 应适用中国法和英国法

D. 应在英国法与中国法中选择适用对苏珊有利的法律

考点62 商事关系的法律适用

140． 2022 回忆/单

法国甲公司在深圳向巴西乙公司出具汇票,汇票付款人为法国甲公司在深圳的分支机构。巴西乙公司在里约热内卢将汇票背书转让给了巴西丙公司,丙公司不慎丢失汇票。该汇票被经常居所地在广州的谢某拾得。后中国某法院受理有关该汇票的纠纷。关于本案,下列哪一说法是正确的?

A. 乙公司对该汇票的背书行为,应适用中国法

B. 丙公司对乙公司行使汇票追索权的期限,应适用中国法

C. 丙公司请求保全汇票权利的程序,应适用巴西法

D. 谢某拾得汇票是否构成不当得利的问题,应适用巴西法

141． 2017/1/36/单

中国公民李某在柏林签发一张转账支票给德国甲公司用于支付货款,付款人为中国乙银行北京分行;甲公司在柏林将支票背书转让给中国丙公司,丙公司在北京向乙银行请求付款时被拒。关于该支票的法律适用,依中国法律规定,下列哪一选项是正确的?

A. 如李某依中国法为限制民事行为能力人,依德国法为完全民事行为能力人,应适用德国法
B. 甲公司对该支票的背书行为,应适用中国法
C. 丙公司向甲公司行使票据追索权的期限,应适用中国法
D. 如丙公司不慎将该支票丢失,其请求保全票据权利的程序,应适用德国法

142． 2017/1/37/单

中国甲公司将其旗下的东方号货轮光船租赁给韩国乙公司,为便于使用,东方号的登记国由中国变更为巴拿马。现东方号与另一艘巴拿马籍货轮在某海域相撞,并被诉至中国某海事法院。关于本案的法律适用,下列哪一选项是正确的?

A. 两船碰撞的损害赔偿应适用中国法
B. 如两船在公海碰撞,损害赔偿应适用《联合国海洋法公约》
C. 如两船在中国领海碰撞,损害赔偿应适用中国法
D. 如经乙公司同意,甲公司在租赁期间将东方号抵押给韩国丙公司,该抵押权应适用中国法

143． 2010/1/38/单

在中国法院审理的某票据纠纷中,与该票据相关的法律行为发生在中国,该票据付款人为甲国某州居民里斯。关于里斯行为能力的法律适用,根据我国相关法律规定,下列哪一判断是正确的?

A. 应适用与该票据纠纷有最密切联系的法律
B. 应适用里斯住所地的法律
C. 如依据中国法里斯具有完全行为能力,则应认定其具有完全行为能力
D. 如关于里斯行为能力的准据法无法查明,则应驳回起诉

144． 2009/1/35/单

甲国人罗得向希姆借了一笔款。罗得在乙国给希姆开具一张五万美元的支票,其记载的付款人是罗得开立账户的丙国银行。后丙国银行拒绝向持有支票的希姆付款。因甲国战乱,希姆和罗得移居中国经商并有了住所,希姆遂在中国某法院起诉罗得,要求其支付五万美元。关于此案的法律适用,下列哪一选项是正确的?

A. 该支票的追索应适用当事人选择的法律
B. 该支票追索权的行使期限应适用甲国法律
C. 该支票的记载事项适用乙国法律
D. 该支票记载的付款人是丙国银行,罗得的行为能力应适用丙国法

考点63 知识产权的法律适用

145． 2019 回忆/多

日本甲公司与中国三叶公司签订专利许可协议(协议约定适用日本法),授权中国三叶公司在中国范围内销售的手机上安装日本甲公司拥有专利的某款APP。中国三叶公司在其销往越南的手机上也安装了该款APP。现日本甲公司在中国法院起诉中国三叶公司违约并侵犯了其在越南获得的专利,下列哪些判断是正确的?

A. 中国三叶公司主营业地在中国,违约和侵权纠纷都应适用中国法
B. 违约纠纷应适用日本法
C. 侵权纠纷双方在开庭前可约定适用中国法
D. 侵权纠纷应适用日本法

146． 2016/1/79/多

韩国甲公司为其产品在中韩两国注册了商标。中国乙公司擅自使用该商标生产了大量仿冒产品并销售至中韩两国。现甲公司将乙公司诉至中国某法院,要求其承担商标侵权责任。关于乙公司在中韩两国侵权责任的法律适用,依中国法律规定,下列哪些选项是正确的?

A. 双方可协议选择适用中国法
B. 均应适用中国法
C. 双方可协议选择适用韩国法
D. 如双方无法达成一致,则应分别适用中国法与韩国法

147． 2014/1/78/多

德国甲公司与中国乙公司签订许可使用合同,授权乙公司在英国使用甲公司在英国获批的某项专利。后因相关纠纷诉诸中国法院。关于该案的法律适用,下列哪些选项是正确的?

A. 关于本案的定性,应适用中国法
B. 关于专利权归属的争议,应适用德国法
C. 关于专利权内容的争议,应适用英国法
D. 关于专利权侵权的争议,双方可以协议选择法律,不能达成协议,应适用与纠纷有最密切联系的法律

148． 2012/1/98/任

甲国A公司向乙国B公司出口一批货物,双方约定适用2020年《国际贸易术语解释通则》中CIF术语。该批货物由丙国C公司"乐安"号商船承运,运输途中船舶搁浅,为起浮抛弃了部分货物。船舶起浮后继续航行中又因恶劣天气,部分货物被海浪打入海中。到目的港后发现还有部分货物因固有缺陷而损失。

A公司与B公司就该批货物在中国境内的商

权产生争议,双方诉至中国某法院。关于该商标权有关争议的法律适用,下列选项正确的是:
A. 归属争议应适用中国法
B. 归属争议应适用甲国法
C. 转让争议应适用甲国法
D. 转让争议当事人可以协议选择法律

考点64 婚姻与夫妻关系的法律适用

149． 2018 回忆/多

经常居所地同在上海的新加坡男性公民杰克与中国女性公民王某均刚满18周岁,因不满足中国法定结婚年龄,二人选择到伦敦结婚。一年后因感情不和,王某欲与杰克解除婚姻关系并分割财产。根据中国相关法律,下列哪些选项是正确的?
A. 两人在伦敦结婚的行为,属于国际私法上的法律规避
B. 因伦敦是婚姻缔结地,两人的结婚条件应适用英国法
C. 二人的财产分割应根据夫妻财产关系法律适用规则
D. 因上海是两人共同经常居所地,两人的结婚条件应适用中国法

150． 2016/1/37/单

经常居所在汉堡的德国公民贝克与经常居所在上海的中国公民李某打算在中国结婚。关于贝克与李某结婚,依《涉外民事关系法律适用法》,下列哪一选项是正确的?
A. 两人的婚龄适用中国法
B. 结婚的手续适用中国法
C. 结婚的所有事项均适用中国法
D. 结婚的条件同时适用中国法与德国法

151． 2015/1/78/多

韩国公民金某与德国公民汉森自2013年1月起一直居住于上海,并于该年6月在上海结婚。2015年8月,二人欲在上海解除婚姻关系。关于二人财产关系与离婚的法律适用,下列哪些选项是正确的?
A. 二人可约定其财产关系适用韩国法
B. 如诉讼离婚,应适用中国法
C. 如协议离婚,二人没有选择法律的,应适用中国法
D. 如协议离婚,二人可以在中国法、韩国法及德国法中进行选择

152． 2013/1/77/多

中国人李某(女)与甲国人金某(男)2011年在乙国依照乙国法律登记结婚,婚后二人定居在北京。依《涉外民事关系法律适用法》,关于其夫妻关系的法律适用,下列哪些表述是正确的?
A. 婚后李某是否应改从其丈夫姓氏的问题,适用甲国法
B. 双方是否应当同居的问题,适用中国法
C. 婚姻对他们婚前财产的效力问题,适用乙国法
D. 婚姻存续期间双方取得的财产的处分问题,双方可选择适用甲国法

153． 2012/1/77/多

甲国公民玛丽与中国公民王某经常居住地均在中国,2人在乙国结婚。关于双方婚姻关系的法律适用,下列哪些选项是正确的?
A. 结婚手续只能适用中国法
B. 结婚手续符合甲国法、中国法和乙国法中的任何一个,即为有效
C. 结婚条件应适用乙国法
D. 结婚条件应适用中国法

考点65 监护关系的法律适用

154． 2017/1/78/多

中国公民王某将甲国公民米勒诉至某人民法院,请求判决两人离婚、分割夫妻财产并将幼子的监护权判决给她。王某与米勒的经常居所及主要财产均在上海,其幼子为甲国籍。关于本案的法律适用,下列哪些选项是正确的?
A. 离婚事项,应适用中国法
B. 夫妻财产的分割,王某与米勒可选择适用中国法或甲国法
C. 监护权事项,在甲国法与中国法中选择适用有利于保护幼子利益的法律
D. 夫妻财产的分割与监护权事项均应适用中国法

155． 2009/1/33/多

中国籍14岁少年曲某随父赴甲国读书。曲父在甲国购买住房后,因生意原因返回中国,行前安排乙国籍好友李某监护曲某在甲国期间学习生活。现有关曲某的监护问题在中国某法院涉诉。关于本案的法律适用,下列哪些选项是不正确的?①
A. 应适用甲国法律,因曲某在甲国有住所
B. 应适用中国法律,因曲某为中国籍
C. 应适用乙国法律,因监护人李某为乙国籍
D. 应适用与曲某有最密切联系的法律

考点66 收养关系的法律适用

156． 2021 回忆/单

久居上海的德国籍夫妇洛克和玛丽去

---

① 原为单选题,根据新法答案有变化,调整为多选题。

年在贵州收养了中国女孩小丽。小丽的亲生父母就收养关系的解除向上海某法院起诉,下列关于法律适用的判断哪一项是正确的?

A. 收养条件应适用德国法
B. 收养手续应适用中国法或德国法
C. 收养解除应适用中国法
D. 收养效力应适用德国法

157．2014/1/37/单

经常居住在英国的法国籍夫妇甲和乙,想来华共同收养某儿童。对此,下列哪一说法是正确的?

A. 甲、乙必须共同来华办理收养手续
B. 甲、乙应与送养人订立书面收养协议
C. 收养的条件应重叠适用中国法和法国法
D. 若发生收养效力纠纷,应适用中国法

158．2012/1/36/单

某甲国公民经常居住地在甲国,在中国收养了长期住于北京的中国儿童,并将其带回甲国生活。根据中国关于收养关系法律适用的规定,下列哪一选项是正确的?

A. 收养的条件和手续应同时符合甲法和中国法
B. 收养的条件和手续符合中国法即可
C. 收养效力纠纷诉至中国法院的,应适用中国法
D. 收养关系解除的纠纷诉至中国法院的,应适用甲国法

考点67 继承的法律适用

159．2020 回忆/多

经常居所地在上海的甲国公民佩罗通过快猫短视频留下遗嘱。现佩罗遗产继承纠纷诉至中国某人民法院,依照中国相关法律规定,下列哪些选项是不正确的?

A. 该遗嘱方式须符合中国法或甲国法,遗嘱才能成立
B. 如需适用甲国法解决本案纠纷,而双方当事人对甲国法内容有异议,人民法院应认定甲国法无法查明
C. 如佩罗立遗嘱时,甲国已禁止本国人使用快猫公司的短视频产品,则该遗嘱无效
D. 该遗嘱的效力可以适用中国法或甲国法

160．2016/1/78/多

经常居所在上海的瑞士公民怀特未留遗嘱死亡,怀特在上海银行存有 100 万元人民币,在苏黎世银行存有 10 万欧元,且在上海与巴黎各有一套房产。现其继承人因遗产分割纠纷诉至上海某法院。依中国法律规定,下列哪些选项是正确的?

A. 100 万元人民币存款适用中国法
B. 10 万欧元存款适用中国法
C. 上海的房产应适用中国法
D. 巴黎的房产应适用法国法

161．2010/1/83/多

中国人李某定居甲国,后移居乙国,数年后死于癌症,未留遗嘱。李某在中国、乙国分别有住房和存款,李某养子和李某妻子的遗产之争在中国法院审理。关于该遗产继承案的法律适用,下列哪些选项是正确的?

A. 李某动产的继承应适用甲国法
B. 李某动产的继承应适用乙国法
C. 李某动产的继承应适用中国法
D. 李某所购房屋的继承应适用房屋所在国的法律

专题十四 国际民商事争议的解决

考点68 涉外仲裁协议

162．2014/1/79/多

中国甲公司与外国乙公司在合同中约定,合同争议提交中国国际经济贸易仲裁委员会仲裁,仲裁地在北京。双方未约定仲裁规则及仲裁协议适用的法律。对此,下列哪些选项是正确的?

A. 如当事人对仲裁协议效力有争议,提请所选仲裁机构解决的,应在首次开庭前书面提出
B. 如当事人将仲裁协议效力的争议诉至中国法院,应适用中国法
C. 如仲裁协议有效,应适用中国国际经济贸易仲裁委员会的仲裁规则仲裁
D. 如仲裁协议有效,仲裁申请人可申请更改仲裁请求,仲裁庭不能拒绝

163．2012/1/78/多

中国 A 公司与甲国 B 公司签订货物买卖合同,约定合同争议提交中国 C 仲裁委员会仲裁,仲裁地在中国,但对仲裁条款应适用的法律未作约定。后因货物质量问题双方发生纠纷,中国 A 公司依仲裁条款向 C 仲裁委提起仲裁,但 B 公司主张仲裁条款无效。根据我国相关法律规定,关于本案仲裁条款的效力审查问题,下列哪些判断是正确的?

A. 对本案仲裁条款的效力,C 仲裁委无权认定,只有中国法院有权审查
B. 对本案仲裁条款的效力,如 A 公司请求 C 仲裁委作出决定,B 公司请求中国法院作出裁定的,由中国法院裁定
C. 对本案仲裁条款效力的审查,应适用中国法

D. 对本案仲裁条款效力的审查,应适用甲国法

164. 2009/1/38/单

某国甲公司与中国乙公司订立买卖合同,概括性地约定有关争议由"中国贸仲"仲裁,也可以向法院起诉。后双方因违约责任产生争议。关于该争议的解决,依我国相关法律规定,下列哪一选项是正确的?

A. 违约责任不属于可仲裁的范围
B. 应认定合同已确定了仲裁机构
C. 仲裁协议因约定不明而在任何情况下无效
D. 如某国甲公司不服仲裁机构对仲裁协议效力作出的决定,向我国法院申请确认协议效力,我国法院可以受理

考点69 涉外仲裁程序

165. 2008/1/38/单

关于仲裁裁决的撤销,根据我国现行法律,下列哪一选项是正确的?

A. 我国法院可根据我国法律撤销一项外国仲裁裁决
B. 我国法院撤销涉外仲裁裁决的法定理由之一是裁决事项超出仲裁协议范围
C. 撤销涉外仲裁裁决的法定理由和撤销国内仲裁裁决的法定理由相同
D. 对法院作出的不予执行仲裁裁决的裁定,当事人无权上诉

考点70 外国仲裁裁决的承认与执行

166. 2017/1/38/单

中国甲公司与日本乙公司的商事纠纷在日本境内通过仲裁解决。因甲公司未履行裁决,乙公司向某人民法院申请承认与执行该裁决。中日均为《纽约公约》缔约国,关于该裁决在中国的承认与执行,下列哪一选项是正确的?

A. 该人民法院应组成合议庭审查
B. 如该裁决是由临时仲裁庭作出的,该人民法院应拒绝承认与执行
C. 如人民法院认为该裁决不符合《纽约公约》的规定,即可直接裁定拒绝承认和执行
D. 乙公司申请执行该裁决的期间应适用日本法的规定

167. 2015/1/38/单

2015年3月,甲国公民杰夫欲向中国法院申请承认并执行一项在甲国境内作出的仲裁裁决。中国与甲国均为《承认与执行外国仲裁裁决公约》成员国。关于该裁决的承认和执行,下列哪一选项是正确的?

A. 杰夫应通过甲国法院向被执行人住所地或其财产所在地的中级人民法院申请
B. 如该裁决系临时仲裁庭作出的裁决,人民法院不应承认与执行
C. 如承认和执行申请被裁定驳回,杰夫可向人民法院起诉
D. 如杰夫仅申请承认而未同时申请执行该裁决,人民法院可以对是否执行一并作出裁定

168. 2013/1/38/单

法国某公司依1958年联合国《承认与执行外国仲裁裁决公约》,请求中国法院承认与执行一项国际商会国际仲裁院的裁决。依据该公约及中国相关司法解释,下列哪一表述是正确的?

A. 法院应依职权主动审查该仲裁过程中是否存在仲裁程序与仲裁协议不符的情况
B. 该公约第5条规定的拒绝承认与执行外国仲裁裁决的理由是穷尽性的
C. 如该裁决内含有对仲裁协议范围以外事项的决定,法院应拒绝承认执行该裁决
D. 如该裁决所解决的争议属于侵权性质,法院应拒绝承认执行该裁决

169. 2010/1/39/单

中国和甲国均为《承认与执行外国仲裁裁决公约》缔约国。现甲国某申请人向中国法院申请承认和执行在甲国作出的一项仲裁裁决。对此,下列哪一选项是正确的?

A. 我国应对该裁决的承认与执行适用公约,因为该申请人具有公约缔约国国籍
B. 有关中国投资者与甲国政府间投资争端的仲裁裁决不适用公约
C. 中国有义务承认公约缔约国所有仲裁裁决的效力
D. 被执行人为中国法人的,应由该法人营业所所在地法院管辖

考点71 外国人的民事诉讼地位

170. 2015/1/39/单

英国人施密特因合同纠纷在中国法院涉诉。关于该民事诉讼,下列哪一选项是正确的?

A. 施密特可以向人民法院提交英文书面材料,无需提供中文翻译件
B. 施密特可以委托任意一位英国出庭律师以公民代理的形式代理诉讼
C. 如施密特不在中国境内,英国驻华大使馆可以授权本馆官员为施密特聘请中国律师代理诉讼
D. 如经调解双方当事人达成协议,人民法院已

制发调解书,但施密特要求发给判决书,应予拒绝

171. 2008/1/39/单

普拉克是外国公民,在一起由中国法院审理的涉外侵权案件中为原告。普拉克请求使用其本国语言进行诉讼。关于中国法院对该请求的处理,下列哪一选项是正确的?

A. 尊重普拉克的这一请求,使用其本国的语言进行案件的审理

B. 驳回普拉克的这一请求,使用中文进行案件的审理,告知由其自行解决翻译问题

C. 驳回普拉克的这一请求,以中文进行案件的审理,但在其要求并承担费用的情况下,应为其提供翻译

D. 驳回普拉克的这一请求,使用中文进行案件的审理,但可为其提供免费翻译

172. 2008/1/99/任

依据现行的司法解释,我国法院受理对在我国享有特权与豁免的主体起诉的民事案件,须按法院内部报告制度,报请最高人民法院批准。为此,下列表述正确的是:

A. 在我国享有特权与豁免的主体若为民事案件中的第三人,该报告制度不适用

B. 若我国享有特权与豁免的主体在我国从事商业活动,则对其作为被告的民事案件的受理无需适用上述报告制度

C. 对外国驻华使馆的外交官作为原告的民事案件,其受理不适用上述报告制度

D. 若被告是临时来华的联合国官员,则对其作为被告的有关的民事案件的受理不适用上述报告制度

考点72 涉外民商事案件的管辖权

173. 2020 回忆/多

中国国际商事法庭受理了中国甲公司和新西兰乙公司的国际货物买卖合同纠纷,审理过程中乙公司咨询能否通过视听传输技术等信息网络方式质证。根据《最高人民法院关于设立国际商事法庭若干问题的规定》,下列哪些选项是不正确的?

A. 国际商事法庭的审限应为6个月

B. 当事人可就本案判决向国际商事法庭申请执行

C. 若双方当事人无异议,为方便外方当事人,国际商事法庭可以用英文制作判决书

D. 本案必须现场质证,不能通过网络方式质证

174. 2019 回忆/单

希腊甲公司与中国乙公司签订许可协议,授权其在亚洲地区独占使用其某项发明专利,许可期限10年,标的额3.68亿元,协议选择中国最高人民法院国际商事法庭管辖。协议履行到第5年,因希腊甲公司又给予荷兰丙公司同样的独占许可,中国乙公司向国际商事法庭起诉希腊甲公司,下列哪项判断是正确的?

A. 当事人对国际商事法庭作出的判决,可以在最高人民法院本部申请再审

B. 有丰富经验的希腊法学家西蒙可以被国际商事法庭遴选为法官参与本案的审理

C. 如果双方无异议,希腊甲公司提交的证据材料必须附中文译本

D. 在希腊获得的证据只要经公证和认证就可直接采用

175. 2016/1/38/单

俄罗斯公民萨沙来华与中国公民韩某签订一份设备买卖合同。后因履约纠纷韩某将萨沙诉至中国某法院。经查,萨沙在中国境内没有可供扣押的财产,亦无居所;该套设备位于中国境内。关于本案的管辖权与法律适用,依中国法律规定,下列哪一选项是正确的?

A. 中国法院没有管辖权

B. 韩某可在该套设备所在地或合同签订地法院起诉

C. 韩某只能在其住所地法院起诉

D. 萨沙与韩某只能选择适用中国法或俄罗斯法

176. 2013/1/78/多

甲国某航空公司在中国设有代表处,其一架飞机从中国境内出发,经停甲国后前往乙国,在乙国发生空难。关于乘客向航空公司索赔的诉讼管辖和法律适用,根据中国相关法律,下列哪些表述是正确的?

A. 中国法院对该纠纷具有管辖权

B. 中国法律并不限制乙国法院对该纠纷行使管辖

C. 即使甲国法院受理了该纠纷,中国法院仍有权就同一诉讼行使管辖权

D. 如中国法院受理该纠纷,应适用受害人本国法确定损害赔偿数额

177. 2012/1/38/单

某外国公民阮某因合同纠纷在中国法院起诉中国公民张某。关于该民事诉讼,下列哪一选项是正确的?

A. 阮某可以委托本国律师以非律师身份担任诉讼代理人

B. 受阮某委托,某该国驻华使馆官员可以个

人名义担任诉讼代理人,并在诉讼中享有外交特权和豁免权
C. 阮某和张某可用明示方式选择与争议有实际联系的地点的法院管辖
D. 中国法院和外国法院对该案都有管辖权的,如张某向外国法院起诉,阮某向中国法院起诉,中国法院不能受理

178． 2008/1/36/单

朗文与戴某缔结了一个在甲国和中国履行的合同。履约过程中发生争议,朗文向甲国法院起诉戴某并获得胜诉判决。戴某败诉后就同一案件向我国法院提起诉讼。朗文以该案件已经甲国法院判决生效为由对中国法院提出管辖权异议。依据我国法律、司法解释以及我国缔结的相关条约,下列哪一选项是正确的?

A. 朗文的主张构成对我国法院就同一案件实体问题行使管辖权的有效异议
B. 我国法院对戴某的起诉没有管辖权
C. 我国法院对涉外民事诉讼案件的管辖权不受任何限制
D. 我国法院可以受理戴某的起诉

考点73 域外文书送达

179． 2013/1/39/单

中国某法院审理一起涉外民事纠纷,需要向作为被告的外国某公司进行送达。根据《关于向国外送达民事或商事司法文书和司法外文书公约》(海牙《送达公约》)、中国法律和司法解释,关于该案件的涉外送达,法院的下列哪一做法是正确的?

A. 应首先按照海牙《送达公约》规定的方式进行送达
B. 不得对被告采用邮寄送达方式
C. 可通过中国驻被告所在国使领馆向被告进行送达
D. 可通过电子邮件方式向被告送达

考点74 域外调取证据

180． 2016/1/39/单

蒙古公民高娃因民事纠纷在蒙古某法院涉诉。因高娃在北京居住,该蒙古法院欲通过蒙古驻华使馆将传票送达高娃,并向其调查取证。依中国法律规定,下列哪一选项是正确的?

A. 蒙古驻华使馆可向高娃送达传票
B. 蒙古驻华使馆不得向高娃调查取证
C. 只有经中国外交部同意后,蒙古驻华使馆才能向高娃送达传票
D. 蒙古驻华使馆可向高娃调查取证并在必要时采取强制措施

181． 2014/1/39/单

中国与甲国均为《关于从国外调取民事或商事证据的公约》的缔约国,现甲国法院因审理一民商事案件,需向中国请求调取证据。根据该公约及我国相关规定,下列哪一说法是正确的?

A. 甲国法院可将请求书交中国司法部,请求代为取证
B. 中国不能以该请求书不属于司法机关职权范围为由拒绝执行
C. 甲国驻中国领事代表可在其执行职务范围内,向中国公民取证,必要时可采取强制措施
D. 甲国当事人可直接在中国向有关证人获取证人证言

182． 2010/1/36/单

中国和甲国均为《关于从国外调取民事或商事证据的公约》的缔约国。关于两国之间的域外证据调取,下列哪一选项是正确的?

A. 委托方向另一缔约方请求调取的证据不限于用于司法程序的证据
B. 中国可以相关诉讼属于中国法院专属管辖为由拒绝甲国调取证据的请求
C. 甲国可以相关事项在甲国不能提起诉讼为由拒绝中国调取证据的请求
D. 甲国外交代表在其驻华执行职务的区域内,在不采取强制措施的情况下,可向甲国公民调取证据

183． 2008/1/82/多

在我国法院审理的一个涉外诉讼案件中,需要从甲国调取某些证据。甲国是《关于从国外调取民事或商事证据的公约》的缔约国。根据该公约,下列哪些选项是正确的?

A. 赵律师作为中方当事人的诉讼代理人,可以依照上述公约请求甲国法院调取所需的证据
B. 调取证据的请求,应以请求书的方式提出
C. 请求书应通过我国外交部转交甲国的中央机关
D. 中国驻甲国的领事代表在其执行职务的区域内,可以在不采取强制措施的情况下向华侨取证

考点75 外国法院判决的承认与执行

184． 2018回忆/单

甲国人朴某与中国人杨某在甲国诉讼离婚,朴某向杨某住所地的中国某法院申请承认和执行甲国法院的判决。中国和甲国之间没有关于法院判决承认和执行的双边协议,也没有相应的互惠关系,根据我国相关法律法规,下列哪一判断是正确的?

A. 法院应依两国既无双边协议也无互惠关系,拒绝承认和执行甲国离婚判决

B. 若甲国离婚判决是在杨某缺席且未得到合法传唤情况下作出的,法院应拒绝承认

C. 若法院已经受理了朴某的申请,杨某向同一法院起诉离婚,法院应当受理

D. 若法院已经受理了朴某的申请,朴某不得撤回其申请

185. 2012/1/39/单

当事人欲将某外国法院作出的民事判决申请中国法院承认和执行。根据中国法律,下列哪一选项是错误的?

A. 该判决应向中国有管辖权的法院申请承认和执行

B. 该判决应是外国法院作出的发生法律效力的判决

C. 承认和执行该判决的请求须由该外国法院向中国法院提出,不能由当事人向中国法院提出

D. 如该判决违反中国的公共利益,中国法院不予承认和执行

186. 2008/1/40/单

外国公民张女士与旅居该国的华侨王先生结婚,后因感情疏离,张女士向该国法院起诉离婚并获得对其有利的判决,包括解除夫妻关系,以及夫妻财产分割和子女抚养等内容。该外国与中国之间没有司法协助协定。张女士向中国法院申请承认该离婚判决,王先生随后在同一中国法院起诉与张女士离婚。根据我国法律和司法解释,下列哪一选项是错误的?

A. 中国法院应依《最高人民法院关于中国公民申请承认外国法院离婚判决程序问题的规定》决定是否承认该判决中解除夫妻身份关系的内容

B. 中国法院应依前项司法解释决定是否执行该判决中解除夫妻身份关系之外的内容

C. 若张女士的申请被驳回,她就无权再提出承认该判决的申请,但可另行向中国法院起诉离婚

D. 中国法院不应受理王先生的离婚起诉

187. 2008/1/80/多

甲国秋叶公司在该国法院获得一项胜诉的判决,并准备向中国法院申请执行。根据我国现行法律,下列哪些选项是正确的?

A. 该判决可以由当事人直接向我国有管辖权的法院申请执行

B. 该判决可以由甲国法院依照该国与我国缔结

或共同参加的国际条约的规定向我国有管辖权的法院申请执行

C. 对外国法院判决效力的承认,我国采取裁定方式

D. 对与我国缔结司法协助条约的国家的法院判决,我国法院均应予以执行

考点76 外资非正常撤离的跨国追究与诉讼

188. 2009/1/37/单

甲国人格里为中国境内某中外合资企业的控股股东。2009年因金融危机该企业出现财务困难,格里于6月回国后再未返回,尚欠企业员工工资及厂房租金和其他债务数万元。中国与甲国均为《海牙取证公约》缔约国,依我国相关法律规定,下列哪一选项是正确的?

A. 因格里已离开中国,上述债务只应由合资企业的中方承担清偿责任

B. 中国有关主管部门在立案后可向甲国提出引渡格里的请求

C. 中方当事人可在中国有管辖权的法院对格里申请立案

D. 中方当事人的诉讼代理人可请求甲国主管机关代为调取有关格里的证据

专题十五 区际法律问题

考点77 区际文书送达

189. 2012/1/37/单

居住于我国台湾地区的当事人张某在大陆某法院参与民事诉讼。关于该案,下列哪一选项是不正确的?

A. 张某与大陆当事人有同等诉讼权利和义务

B. 确定应适用台湾地区民事法律的,受案的法院予以适用

C. 如张某在大陆,民事诉讼文书可以直接送达

D. 如张某在台湾地区地址明确,可以邮寄送达,但必须在送达回证上签收

190. 2011/1/79/多

香港地区甲公司与内地乙公司发生投资纠纷,乙公司诉诸某中级人民法院。陈某是甲公司法定代表人,张某是甲公司的诉讼代理人。关于该案的文书送达及法律适用,下列哪些选项是正确的?

A. 如陈某在内地,受案法院必须通过上一级人民法院向其送达

B. 如甲公司在授权委托书中明确表明张某无权代为接收有关司法文书,则不能向其送达

C. 如甲公司在内地设有代表机构的,受案人民

法院可直接向该代表机构送达

D. 同时采用公告送达和其他多种方式送达的，应当根据最先实现送达的方式确定送达日期

191． 2009/1/82/多

大陆甲公司与台湾地区乙公司签订了出口家具合同，双方在合同履行中产生纠纷，乙公司拒绝向甲公司付款。甲公司在大陆将争议诉诸法院。关于向台湾当事人送达文书，下列哪些选项是正确的？

A. 可向乙公司在大陆的任何业务代办人送达
B. 如乙公司的相关当事人在台湾下落不明的，可采用公告送达
C. 邮寄送达的，如乙公司未在送达回证上签收而只是在邮件回执上签收，可视为送达
D. 邮寄送达未能收到送达与否证明文件的，满三个月即可视为已送达

考点78 区际调取证据

192． 2013/1/79/多

内地某中级法院审理一起涉及澳门特别行政区企业的商事案件，需委托澳门特别行政区法院进行司法协助。关于该司法协助事项，下列哪些表述是正确的？

A. 该案件司法文书送达的委托，应通过该中级法院所属高级法院转交澳门特别行政区终审法院
B. 澳门特别行政区终审法院有权要求该中级法院就其中文委托书提供葡萄牙语译本
C. 该中级法院可以请求澳门特别行政区法院协助调取与该案件有关的证据
D. 在受委托方法院执行委托调取证据时，该中级法院司法人员经过受委托方允许可以出席并直接向证人提问

考点79 区际法院判决的认可与执行

193． 2017/1/39/单

中国香港甲公司与内地乙公司签订商事合同，并通过电子邮件约定如发生纠纷由香港法院管辖。后因履约纠纷，甲公司将乙公司诉至香港法院并胜诉。判决生效后，甲公司申请人民法院认可和执行该判决。关于该判决在内地的认可与执行，下列哪一选项是正确的？

A. 电子邮件不符合"书面"管辖协议的要求，故该判决不应被认可与执行
B. 如乙公司的住所地与财产所在地分处两个中级人民法院的辖区，甲公司不得同时向这两个人民法院提出申请
C. 如乙公司在内地与香港均有财产，甲公司不得同时向两地法院提出申请
D. 如甲公司的申请被人民法院裁定驳回，它可直接向最高人民法院申请复议

194． 2015/1/79/多

秦某与洪某在台北因合同纠纷涉诉，被告洪某败诉。现秦某向洪某财产所在地的大陆某中级人民法院申请认可该台湾地区的民事判决。关于该判决的认可，下列哪些选项是正确的？

A. 人民法院受理秦某申请后，应当在6个月内审结
B. 受理秦某的认可申请后，作出裁定前，秦某要求撤回申请的，人民法院应当允许
C. 如人民法院裁定不予认可该判决，秦某可以在裁定作出1年后再次提出申请
D. 人民法院受理申请后，如对该判决是否生效不能确定，应告知秦某提交作出判决的法院出具的证明文件

195． 2011/1/37/单

台湾地区甲公司因合同纠纷起诉大陆乙公司，台湾地区法院判决乙公司败诉。乙公司在上海和北京均有财产，但未执行该判决。关于该判决的执行，下列哪一选项是正确的？

A. 甲公司向上海和北京的中级人民法院申请认可该判决的，由最先立案的中级人民法院管辖
B. 该判决效力低于人民法院作出的生效判决
C. 甲公司申请财产保全的，人民法院可以要求其提供有效的担保；不提供担保的，视情况决定是否准予财产保全
D. 甲公司申请认可该判决的，应当在判决效力确定后1年内提出

196． 2010/1/37/单

关于内地与香港民商事案件判决的认可与执行，根据内地与香港的相关安排，下列哪一选项是正确的？

A. 申请人向内地和香港法院提交的文件没有中文文本的，均应提交证明无误的中文译本
B. 当事人通过协议选择内地或香港法院管辖的，经选择的法院作出的判决均可获得认可与执行
C. 当事人之间的合同无效，其中选择管辖法院的条款亦无效
D. 当事人对认可和执行与否的裁定不服的，在内地可向上一级法院申请复议，在香港可依其法律规定提出上诉

197． 2009/1/39/单

香港甲公司与内地乙公司订立供货合

同,约定由香港法院管辖。后双方因是否解除该合同及赔偿问题诉诸香港法院,法院判乙公司败诉。依相关规定,下列哪一选项是正确的?

A. 如该合同被解除,则香港法院管辖的协议也随之无效
B. 如乙公司在内地两省均有财产,甲公司可向两省的有关法院申请认可和执行
C. 如甲公司向内地法院申请认可和执行判决,免除执行费用
D. 如甲公司向内地法院提交的文件无中文文本,应当提交证明无误的中文译本

198. 2009/1/81/多

李某与王某在台湾地区因民事纠纷涉诉,被告王某败诉,李某向王某在福建的财产所在地的中级法院申请认可台湾地区的民事判决。下列哪些选项可以成为中级法院拒绝认可的理由?

A. 案件为人民法院专属管辖
B. 人民法院已承认了某外国法院就相同案件作出的判决
C. 双方没有关于司法管辖的协议
D. 王某在本案中缺席且未给予合法传唤

考点80 区际仲裁裁决的认可与执行

199. 2022 回忆/多

澳门甲公司和内地乙公司的合同争议由内地某仲裁机构审理,甲公司最终胜诉,向澳门法院申请认可和执行该仲裁裁决。据悉,乙公司在澳门的分公司拥有一座办公楼。对此,下列哪些说法是正确的?

A. 该仲裁裁决应由澳门初级法院执行
B. 甲公司应向澳门中级法院提出认可仲裁裁决和执行的请求
C. 如果该仲裁裁决被人民法院依法裁定撤销,澳门法院应立即停止执行
D. 甲公司只能向内地和澳门两地法院之一申请认可仲裁裁决

200. 2010/1/82/多

澳门甲公司与内地乙公司的合同争议由内地一仲裁机构审理,甲公司最终胜诉。乙公司在广东、上海和澳门均有财产。基于这些事实,下列哪些选项是正确的?

A. 甲公司可分别向广东和上海有管辖权的法院申请执行
B. 只有国务院港澳办提供的名单内的仲裁机构作出的裁决才能被澳门法院认可与执行
C. 甲公司分别向内地和澳门法院申请执行的,内地法院应先行执行清偿
D. 两地法院执行财产总额不得超过依裁决和法律规定所确定的数额

201. 2008/1/81/多

上海甲公司作为卖方和澳门乙公司订立了一项钢材购销合同,约定有关合同的争议在中国内地仲裁。乙公司在内地和澳门均有营业机构。双方发生争议后,仲裁庭裁决乙公司对甲公司进行赔偿。乙公司未在规定的期限内履行仲裁裁决。关于甲公司对此采取的做法,下列哪些选项是正确的?

A. 向内地有管辖权的中级人民法院申请执行该仲裁裁决
B. 向澳门特别行政区中级法院申请执行该仲裁裁决
C. 分别向内地有管辖权的中级人民法院和澳门特别行政区中级法院申请执行仲裁裁决
D. 向澳门特别行政区初级法院申请执行该仲裁裁决

国际经济法 [试题]

扫一扫,"码"上做题

微信扫码,即可在线上做题、看解析。
多种做题模式:章节自测、单科集训、随机演练等。

专题十六 国际货物买卖

考点81 国际贸易术语①

202． 2023 回忆/多
中国甲公司和法国乙公司签订了国际货物买卖合同,由甲公司出售一批仪器给乙公司,双方选择的贸易术语是 FCA(国际贸易术语通则2020)。甲公司在约定地点将仪器交给乙公司指定的承运人,后在运输过程中发生自然灾害,该批仪器推定全损。对此,下列哪些说法是不正确的?
A. FCA 不可用于多式联运
B. 甲公司有义务为该批仪器办理保险
C. 风险发生后,保险公司应当接受被保险人的委付请求
D. 由于货物已经推定全损,乙公司可以免于支付货款

203． 2023 回忆/多
中国 M 公司向甲国 T 公司出售一批货物,双方约定采用 DPU(国际贸易术语通则 2020)规范当事人之间的合同。该批货物属于我国《出口管制法》中需要管制的货物。中国和甲国都是《联合国国际货物销售合同公约》的缔约国。根据相关国际法规则,下列哪些说法是正确的?
A. M 公司有购买保险的义务
B. M 公司应在运输终端交货
C. M 公司应该确保所交付的货物没有第三人的权利
D. T 公司在收到货物后不可以自行转卖给第三人

204． 2020 回忆/多
法国雷德公司与中国月露公司签订 CIP 合同,从法国出口货物到中国。依据《2020 年国际贸易术语解释通则》,下列哪些选项是正确的?
A. 货物风险自装运港装运上船时转移
B. 雷德公司应负责安排货物的运输
C. 如果双方合同约定投保平安险,雷德公司只需投保平安险

D. 即使双方合同约定投保平安险,雷德公司也应投保一切险

205． 2019 回忆/任
甲国摩登公司和乙国森德公司签订合同出口一批瓷器,双方约定采用 CIF2020 术语规范双方之间的合同。该批瓷器运到乙国时恰逢该国内乱,导致部分瓷器受损。甲国和乙国均是《1980 年联合国国际货物销售合同公约》的缔约国。下列说法不正确的是:
A. 森德公司无需支付该批损毁瓷器的货款
B. 鉴于乙国的环境,摩登公司有义务投保一切险和战争险
C. 在没有特别约定的情况下,摩登公司只需投保平安险
D. 森德公司在没有机会验货的情况下,可以不付款

206． 2018 回忆/任
中国甲公司和韩国乙公司签订电子产品进口合同,双方约定了 DPU2020 贸易术语,协议使用信用证作为支付工具,并由丙公司承担运输工作。途中因恶劣天气导致该批产品全损。已知中国和韩国都是《联合国国际货物销售合同公约》缔约国,下列说法正确的是:
A. 作为卖方的乙公司有进行投保的义务,由保险公司承担损失
B. 该批货物在目的地卸货后转移风险,目的地不限于运输的终点
C. 由于货物已经全部灭失,因此甲公司可以向银行通知停止支付信用证下的款项
D. 承运人丙公司应该承担货物灭失的责任

207． 2018 回忆/多
营业地位于不同国家的甲公司和乙公司签订了一份货物买卖合同,约定采用 FCA2020 为交

---
① 本考点试题中的《国际贸易术语解释通则》均随大纲更新至 2020 版,相关试题作了相应调整,并用 2020 版通则解读。

货条件。关于该术语,下列哪些说法是正确的?

A. 该术语可以适用于任何方式,包括多式联运
B. 该术语只能用于海运运输合同
C. 卖方将货物交给第一承运人时即完成交货义务
D. 承运人自收到货物时,货物的风险由卖方转移到买方

208． 2014/1/41/单

中国甲公司向加拿大乙公司出口一批农产品,CFR 价格条件。货装船后,乙公司因始终未收到甲公司的通知,未办理保险。部分货物在途中因海上风暴毁损。根据相关规则,下列哪一选项是正确的?

A. 甲公司在装船后未给乙公司以充分的通知,造成乙公司漏保,因此损失应由甲公司承担
B. 该批农产品的风险在装港船舷转移给乙公司
C. 乙公司有办理保险的义务,因此损失应由乙公司承担
D. 海上风暴属不可抗力,乙公司只能自行承担损失

209． 2012/1/99/任

甲国 A 公司向乙国 B 公司出口一批货物,双方约定适用 2020 年《国际贸易术语解释通则》中 CIF 术语。该货物由丙国 C 公司"乐安"号商船承运,运输途中船舶搁浅,为起浮抛弃了部分货物。船舶起浮后继续航行中又因恶劣天气,部分货物被海浪打入海中。到目的港后发现还有部分货物因固有缺陷而损失。

关于 CIF 贸易术语的适用,下列选项正确的是:

A. 货物的风险在装运港完成交货时由 A 公司转移给 B 公司
B. 货物的风险在装运港越过船舷时由 A 公司转移给 B 公司
C. 应由 A 公司负责海运运输
D. 应由 A 公司购买货物海运保险

考点82 《联合国国际货物销售合同公约》的适用范围

210． 2014/1/40/单

中国甲公司与法国乙公司商谈进口特种钢材,乙公司提供了买卖该种钢材的格式合同,两国均为 1980 年《联合国国际货物销售合同公约》缔约国。根据相关规则,下列哪一选项是正确的?

A. 因两国均为公约缔约国,双方不能在合同中再选择适用其他法律
B. 格式合同为该领域的习惯法,对双方具有约束力

C. 双方可对格式合同的内容进行修改和补充
D. 如双方在合同中选择了贸易术语,则不再适用公约

211． 2011/1/99/任

A 公司和 B 公司于 2021 年 5 月 20 日签订合同,由 A 公司将一批平板电脑售卖给 B 公司。A 公司和 B 公司营业地分别位于甲国和乙国,两国均为《联合国国际货物销售合同公约》缔约国。合同项下的货物由丙国 C 公司的"潇湘"号商船承运,装运港是甲国某港口,目的港是乙国某港口。在运输途中,B 公司与中国 D 公司就货物转卖达成协议。在贸易术语适用上,A、B 公司在双方的买卖合同中仅约定适用 FOB 术语。对此,下列选项正确的是:

A. 该合同应当适用 2020 年《国际贸易术语解释通则》
B. 货物的风险应自货交 C 公司时由 A 公司转移给 B 公司
C. B 公司必须自付费用订立从指定装运港运输货物的合同
D. 因当事人选择了贸易术语,故不再适用《联合国国际货物销售合同公约》

212． 2009/1/40/单

甲国公司(卖方)与乙国公司订立了国际货物买卖合同,FOB 价格条件,采用海上运输方式。甲乙两国均为《联合国国际货物销售合同公约》(简称《公约》)缔约国,下列哪一选项是正确的?

A. 货物的风险应自货物交第一承运人时转移
B. 因当事人已选择了贸易术语,《公约》整体不再适用该合同
C. 甲国公司应在装运港于约定日期或期限内将货物交至船上
D. 甲国公司在订立运输合同并装船后应及时通知乙国公司办理保险

考点83 要约承诺规则

213． 2008/1/42/单

2008 年 8 月 11 日,中国甲公司接到法国乙公司出售某种设备的发盘,有效期至 9 月 1 日。甲公司于 8 月 12 日电复:"如能将每件设备价格降低 50 美元,即可接受"。对此,乙公司没有答复。甲公司于 8 月 29 日再次致电乙公司表示接受其 8 月 11 日发盘中包括价格在内的全部条件。根据 1980 年《联合国国际货物销售合同公约》,下列哪一选项是正确的?

A. 乙公司的沉默表明其已接受甲公司的降价要求
B. 甲公司 8 月 29 日的去电为承诺,因此合同已成立

C. 甲公司8月29日的去电是迟到的承诺,因此合同没有成立
D. 甲公司8月29日的去电是新要约,此时合同还没有成立

考点84 买卖双方的权利义务

214. 2020 回忆/多

中国天明公司从甲国科隆公司进口一批电子设备,合同中约定了设备规格,并选用了2020年《国际贸易术语解释通则》中的DPU术语。科隆公司制作好样品后,将样品邮寄至天明公司,请求确认并按照样品履行。天明公司收到样品后确认收到并回复:"请依合同履行。"设备到货后与样品相符,但与合同不符,中国天明公司要求科隆公司承担违约责任。中国和甲国都是《1980年联合国国际货物销售合同公约》的缔约国,下列哪些选项是正确的?

A. 科隆公司应承担违约责任,因其交付的设备不符合合同约定规格
B. 科隆公司不应承担违约责任,因其交付的设备与其提供的样品相符
C. 本案货物风险自货交第一承运人时转移
D. 科隆公司应在指定装运地的约定地点交货

215. 2015/1/40/单

中国甲公司与法国乙公司签订了向中国进口服装的合同,价格条件CIF。货到目的港时,甲公司发现有两箱货物因包装不当途中受损,因此拒收,该货物在目的港码头又被雨淋受损。依1980年《联合国国际货物销售合同公约》及相关规则,下列哪一选项是正确的?

A. 因本合同已选择了CIF贸易术语,则不再适用《公约》
B. 在CIF条件下应由法国乙公司办理投保,故乙公司也应承担运输途中的风险
C. 因甲公司拒收货物,乙公司应承担货物在目的港码头雨淋造成的损失
D. 乙公司应承担因包装不当造成的货物损失

216. 2013/1/40/单

某国甲公司向中国乙公司出售一批设备,约定贸易术语为"FOB(Incoterms2020)",后设备运至中国。依《国际贸易术语解释通则》和《联合国国际货物销售合同公约》,下列哪一选项是正确的?

A. 甲公司负责签订货物运输合同并支付运费
B. 甲、乙公司的风险承担以货物在装运港越过船舷为界
C. 如该批设备因未按照同类货物通用方式包装造成损失,应由甲公司承担责任
D. 如该批设备侵犯了第三方在中国的专利权,甲公司对乙公司不承担责任

217. 2013/1/99/任

甲公司从国外进口一批货物,根据《联合国国际货物销售合同公约》,关于货物检验和交货不符合同约定的问题,下列说法正确的是:

A. 甲公司有权依自己习惯的时间安排货物的检验
B. 如甲公司须再发运货物,没有合理机会在货到后加以检验,而卖方在订立合同时已知道再发运的安排,则检验可推迟到货物到达新目的地后进行
C. 甲公司在任何时间发现货物不符合同均可要求卖方赔偿
D. 货物不符合同情形在风险转移时已经存在,在风险转移后才显现的,卖方应当承担责任

218. 2011/1/100/任

A公司和B公司于2011年5月20日签订合同,由A公司将一批平板电脑售卖给B公司。A公司和B公司营业地分别位于甲国和乙国,两国均为《联合国国际货物销售合同公约》缔约国。合同项下的货物由丙国C公司的"潇湘"号商船承运,装运港是甲国某港口,目的港是乙国某港口。在运输途中,B公司与中国D公司就货物转卖达成协议。

如货物运抵乙国后,乙国的E公司指控该批平板电脑侵犯其在乙国取得的专利权,致使货物遭乙国海关扣押,B公司向A公司索赔。在下列选项中,A公司无须承担责任的情形是:

A. A公司在订立合同时不知道这批货物可能依乙国法属侵权
B. B公司在订立合同时知道这批货物存在第三者权利
C. A公司是遵照B公司提供的技术图样和款式进行生产的
D. B公司在订立合同后知道这批货物侵权但未在合理时间内及时通知A公司

考点85 违约救济制度

219. 2016/1/40/单

中国甲公司与德国乙公司签订了进口设备合同,分三批运输。两批顺利履约后乙公司得知甲公司履约能力出现严重问题,便中止了第三批的发运。依《国际货物销售合同公约》,下列哪一选项是正确的?

A. 如已履约的进口设备在使用中引起人身伤亡,则应依公约的规定进行处理
B. 乙公司中止发运第三批设备必须通知甲公司
C. 乙公司在任何情况下均不应中止发运第三批设备

D. 如甲公司向乙公司提供了充分的履约担保，乙公司可依情况决定是否继续发运第三批设备

220. 2010/1/40/单

甲公司（卖方）与乙公司于2007年10月签订了两份同一种农产品的国际贸易合同，约定交货期分别为2008年1月底和3月中旬，采用付款交单方式。甲公司依约将第一份合同项下的货物发运后，乙公司以资金周转困难为由，要求变更付款方式为货到后30天付款。甲公司无奈同意该变更。乙公司未依约付款，并以资金紧张为由再次要求延期付款。甲公司未再发运第二个合同项下的货物并提起仲裁。根据《联合国国际货物销售合同公约》，下列哪一选项是正确的？

A. 乙公司应以付款交单的方式支付货款
B. 甲公司不发运第二份合同项下货物的行为构成违约
C. 甲公司可以停止发运第二份合同项下的货物，但应及时通知乙公司
D. 如乙公司提供了付款的充分保证，甲公司仍可拒绝发货

221. 2010/1/86/多

甲公司（卖方）与乙公司订立了国际货物买卖合同。由于甲公司在履约中出现违反合同的情形，乙公司决定宣告合同无效，解除合同。依据《联合国国际货物销售合同公约》，下列哪些选项是正确的？

A. 宣告合同无效意味着解除了甲乙二公司在合同中的义务
B. 宣告合同无效意味着解除了甲公司损害赔偿的责任
C. 双方在合同中约定的争议解决条款也因宣告合同无效而归于无效
D. 如甲公司应归还价款，它应同时支付相应的利息

222. 2010/1/87/多

甲公司（买方）与乙公司订立了一份国际货物买卖合同。后因遇到无法预见与不能克服的障碍，乙公司未能按照合同履行交货义务，但未在合理时间内将此情况通知甲公司。甲公司直到交货期过后才得知此事。乙公司的行为使甲公司遭受了损失。依《联合国国际货物销售合同公约》，下列哪些表述是正确的？

A. 乙公司可以解除合同，但应把障碍及其影响及时通知甲公司
B. 乙公司解除合同后，不再对甲公司的损失担赔偿责任

C. 乙公司不交货，无论何种原因均属违约
D. 甲公司有权就乙公司未通知有关情况而遭受的损失请求赔偿

考点86 国际货物买卖合同的风险转移

223. 2012/1/80/多

甲公司的营业所在甲国，乙公司的营业所在中国，甲国和中国均为《联合国国际货物销售合同公约》的当事国。甲公司将一批货物卖给乙公司，该批货物通过海运运输。货物运输途中，乙公司将货物转卖给了中国丙公司。根据该公约，下列哪些选项是正确的？

A. 甲公司出售的货物，必须是第三方依中国知识产权不能主张任何权利的货物
B. 甲公司出售的货物，必须是第三方依中国或者甲国知识产权均不能主张任何权利的货物
C. 乙公司转售的货物，自双方合同成立时风险转移
D. 乙公司转售的货物，自乙公司向丙公司交付时风险转移

专题十七 国际货物运输与保险

考点87 提单和无单放货责任

224. 2021回忆/多

中国甲公司向印度乙公司采购货物，合同约定交货时间不得晚于7月1日。因为生产延误，直到7月15日才将货物装船，乙公司出具保函换取了承运人签发的注明7月1日完成装船的提单。甲公司因此主张信用证欺诈，向中国有管辖权的法院申请止付令。对此，下列哪些选项是正确的？

A. 本案提单为预借提单
B. 本案提单为倒签提单
C. 即使存在保兑行并已经善意付款，法院仍可以作出中止支付的裁定
D. 如果存在保兑行并已经善意付款，则法院不应作出中止支付的裁定

225. 2013/1/81/多

中国甲公司从国外购货，取得了代表货物的单据，其中提单上记载"凭指示"字样，交货地点为某国远东港，承运人为中国乙公司。当甲公司凭正本提单到远东港提货时，被乙公司告知货物已不在其手中。后甲公司在中国法院对乙公司提起索赔诉讼。乙公司在下列哪些情形下可免除交货责任？

A. 在甲公司提货前，货物已被同样持有正本提单的某公司提走
B. 乙公司按照提单托运人的要求返还了货物

C. 根据某国法律要求,货物交给了远东港管理当局
D. 货物超过法定期限无人向某国海关申报,被海关提取并变卖

226． 2011/1/40/单

中国甲公司通过海运从某国进口一批服装,承运人为乙公司,提单收货人一栏写明"凭指示"。甲公司持正本提单到目的港提货时,发现货物已由丙公司以副本提单加保函提取。甲公司与丙公司达成了货款支付协议,但随后丙公司破产。甲公司无法获赔,转而向乙公司索赔。根据我国相关法律规定,关于本案,下列哪一选项是正确的?

A. 本案中正本提单的转让无需背书
B. 货物是由丙公司提走的,故甲公司不能向乙公司索赔
C. 甲公司与丙公司虽已达成货款支付协议,但未得到赔付,不影响甲公司要求乙公司承担责任
D. 乙公司应当在责任限制的范围内承担因无单放货造成的损失

227． 2009/1/41/单

甲公司依运输合同承运一批从某国进口中国的食品,当正本提单持有人乙公司持正本提单提货时,发现货物已由丙公司以副本提单加保函提走。依我国相关法律规定,下列哪一选项是正确的?

A. 无正本提单交付货物的民事责任应适用交货地法律
B. 乙公司可以要求甲公司承担违约责任或侵权责任
C. 甲公司对因无正本提单交货造成的损失按货物的成本赔偿
D. 丙公司提走了货物,不能要求甲公司承担责任

考点88 海上货物运输承运人的责任与免责

228． 2010/1/45/单

一批货物由甲公司运往中国青岛港,运输合同适用《海牙规则》。运输途中因雷击烧毁部分货物,其余货物在目的港被乙公司以副本提单加保函提走。丙公司为该批货物正本提单持有人。根据《海牙规则》和我国相关法律规定,下列哪一选项是正确的?

A. 甲公司应对雷击造成的货损承担赔偿责任,因损失在其责任期间发生
B. 甲公司可限制因无正本提单交货的赔偿责任
C. 丙公司可要求甲公司和乙公司承担连带责任

D. 甲公司应以货物成本加利润赔偿因无正本提单交货造成的损失

考点89 其他国际货物运输法律制度

229． 2017/1/40/单

中国伟业公司与甲国利德公司签订了采取铁路运输方式由中国出口一批货物的合同。后甲国法律发生变化,利德公司在收货后又自行将该货物转卖到乙国,现乙国一公司声称该批货物侵犯了其知识产权。中国和甲国均为《国际货物销售合同公约》和《国际铁路货物联运协定》缔约国。依相关规则,下列哪一选项是正确的?

A. 伟业公司不承担该批货物在乙国的知识产权担保义务
B. 该批货物的风险应于订立合同时由伟业公司转移给利德公司
C. 铁路运输承运人的责任期间是从货物装上火车时起至卸下时止
D. 不同铁路运输区段的承运人应分别对在该区段发生的货损承担责任

230． 2016/1/80/多

中国甲公司向波兰乙公司出口一批电器,采用DAP术语,通过几个区段的国际铁路运输,承运人签发了铁路运单,货到目的地后发现有部分损坏。依相关国际惯例及《国际铁路货物联运协定》,下列哪些选项是正确的?

A. 乙公司必须确定损失发生的区段,并只能向该区段的承运人索赔
B. 铁路运单是物权凭证,乙公司可通过转让运单转让货物
C. 甲公司在指定目的地运输终端将仍处于运输工具上的货物由乙公司处置时,即完成交货
D. 各铁路区段的承运人应承担连带责任

考点90 国际海上货物运输保险

231． 2023 回忆/多

中国甲公司向法国乙公司出口一批货物,双方协议选择CIF(国际贸易术语通则2020)规范当事人之间的合同货物,分两次运输。第二次运输中,由于船长驾驶不慎,其他船舶发生碰撞。根据《海牙规则》和相关国际法规则,下列哪些说法是正确的?

A. 如果没有特殊约定,甲公司可以购买平安险
B. 船舶碰撞不属于平安险的赔偿范围
C. 对于货物损失,承运人可免责
D. 对于货物损失,保险人应赔偿

232． 2021 回忆/单

中国乙公司与西班牙甲公司签订合同

进口一批货物,合同选用了《2020 年国际贸易术语解释通则》中的 CIF 术语,同时约定甲公司应为该批货物投保水渍险。甲公司将货物交承运人装船后,承运人签发了清洁提单(选用《海牙规则》)。在海运途中货物因遭遇恶劣天气部分毁损,中国和西班牙均为《联合国国际货物销售合同公约》缔约国。对此,下列哪一项说法是正确的?
A. 甲公司应为该批货物投保一切险
B. 承运人应赔偿货物损失
C. 保险公司应赔偿货物损失
D. 因货物部分毁损,中国乙公司有权要求减价

233． 2017/1/41/单

中国某公司进口了一批仪器,采取海运方式并投保了水渍险,提单上的收货人一栏写明"凭指示"的字样。途中因船方过失致货轮与他船相撞,部分仪器受损。依《海牙规则》及相关保险条款,下列哪一选项是正确的?
A. 该提单交付即可转让
B. 因船舶碰撞是由船方过失导致,故承运人应对仪器受损承担赔偿责任
C. 保险人应向货主赔偿部分仪器受损的损失
D. 承运人的责任期间是从其接收货物时起至交付货物时止

234． 2015/1/41/单

青田轮承运一批啤酒花从中国运往欧洲某港,货物投保了一切险,提单上的收货人一栏写明"凭指示",因生产过程中水份过大,啤酒花到目的地港时已变质。依《海牙规则》及相关保险规则,下列哪一选项是正确的?
A. 承运人没有尽到途中管货的义务,应承担货物途中变质的赔偿责任
B. 因货物投保了一切险,保险人应承担货物变质的赔偿责任
C. 本提单可通过交付进行转让
D. 承运人对啤酒花的变质可以免责

235． 2014/1/81/多

两批化妆品从韩国由大洋公司"清田"号货轮运到中国,适用《海牙规则》,货物投保了平安险。第一批货物因"清田"号过失与他船相碰致部分货物受损,第二批货物收货人在持正本提单提货时,发现已被他人提走。争议诉至中国某法院。根据相关规则及司法解释,下列哪些选项是正确的?
A. 第一批货物受损虽由"清田"号过失碰撞所致,但承运人仍可免责
B. 碰撞导致第一批货物的损失属于保险公司赔偿的范围

C. 大洋公司应承担第二批货物无正本提单放货的责任,但可限制责任
D. 大洋公司对第二批货物的赔偿范围限于货物的价值加运费

236． 2012/1/100/任

甲国 A 公司向乙国 B 公司出口一批货物,双方约定适用 2020 年《国际贸易术语解释通则》中 CIF 术语。该批货物由丙国 C 公司"乐安"号商船承运,运输途中船舶搁浅,为起浮抛弃了部分货物。船舶起浮后继续航行中又因恶劣天气,部分货物被海浪打入海中。到目的港后发现还有部分货物因固有缺陷而损失。

该批货物投保了平安险,关于运输中的相关损失的认定及赔偿,依《海牙规则》,下列选项正确的是:
A. 为起浮抛弃造成的损失属于共同海损
B. 因恶劣天气部分货物被打入海中的损失属于单独海损
C. 保险人应赔偿共同海损和因恶劣天气造成的单独海损
D. 承运人对因固有缺陷损失的货物免责,保险人应承担赔偿责任

237． 2011/1/80/多

中国甲公司与某国乙公司签订茶叶出口合同,并投保水渍险,议定由丙公司"天然"号货轮承运。下列哪些选项属于保险公司应赔偿范围?
A. 运输中因茶叶串味等外来原因造成货损
B. 运输中因"天然"号过失与另一轮船相撞造成货损
C. 运输延迟造成货损
D. 运输中因遭遇台风造成部分货损

238． 2010/1/42/多

甲国 A 公司(卖方)与中国 B 公司采用 FOB 价格条件订立了一份货物买卖合同,约定货物保质期为交货后一年。B 公司投保了平安险。货物在海运途中因天气恶劣部分损毁,另一部分完好交货,但在交货后半年左右出现质量问题。根据《联合国国际货物销售合同公约》和有关贸易惯例,下列哪些选项是不正确的?①
A. A 公司在陆地上将货物交给第一承运人时完成交货
B. 货物风险在装运港越过船舷时转移
C. 对交货后半年出现的货物质量问题,因风险已转移,A 公司不承担责任
D. 对海运途中损毁的部分货物,应由保险公司

---

① 原为单选题,根据新法答案有变化,调整为多选题。

负责赔偿

239． 2009/1/43/单

中国甲公司以 CIF 价向某国乙公司出口一批服装,信用证方式付款,有关运输合同明确约定适用《海牙规则》。甲公司在装船后取得提单后,办理了议付。两天后,甲公司接乙公司来电,称装船的海轮在海上因雷击失火,该批服装全部烧毁。对于上述情况,下列哪一选项是正确的?

A. 乙公司应向保险公司提出索赔
B. 甲公司应向保险公司提出索赔
C. 甲公司应将全部货款退还给乙公司
D. 乙公司应向承运人提出索赔

专题十八 国际贸易支付

考点91 跟单托收

240． 2008/1/44/单

修帕公司与维塞公司签订了出口 200 吨农产品的合同,付款采用托收方式。船长签发了清洁提单。货到目的港后经检验发现货物质量与合同规定不符,维塞公司拒绝付款提货,并要求减价。后该批农产品全部变质。根据国际商会《托收统一规则》,下列哪一选项是正确的?

A. 如代收行未执行托收行的指示,托收行应对因此造成的损失对修帕公司承担责任
B. 当维塞公司拒付时,代收行应当主动制作拒绝证书,以便收款人追索
C. 代收行应无延误地向托收行通知维塞公司拒绝付款的情况
D. 当维塞公司拒绝提货时,代收行应当主动提货以减少损失

考点92 信用证的种类、当事人及法律关系

241． 2010/1/100/任

中国甲公司(卖方)与某国乙公司签订了国际货物买卖合同,规定采用信用证方式付款,由设在中国境内的丙银行通知并保兑。信用证开立之后,甲公司在货物已经装运,并准备将有关单据交银行议付时,接到丙银行通知,称开证行已宣告破产,丙银行将不承担对该信用证的议付或付款责任。据此,下列选项正确的是:

A. 乙公司应为信用证项下汇票上的付款人
B. 丙银行的保兑义务并不因开证行的破产而免除
C. 因开证行已破产,甲公司应直接向乙公司收取货款
D. 虽然开证行破产,甲公司仍可依信用证向丙银行交单并要求付款

考点93 信用证下银行的责任与免责

242． 2017/1/42/单

中国某公司进口了一批皮制品,信用证方式支付,以海运方式运输并投保了一切险。中国收货人持正本提单提货时发现货物已被他人提走。依相关司法解释和国际惯例,下列哪一选项是正确的?

A. 承运人应赔偿收货人因其无单放货造成的货物成本加利润损失
B. 因该批货物已投保一切险,故保险人应对货主赔偿无单放货造成的损失
C. 因货物已放予他人,收货人不再需要向卖方支付信用证项下的货款
D. 如交单人提交的单证符合信用证的要求,银行即应付款

243． 2016/1/41/单

中国甲公司与法国乙公司订立了服装进口合同,信用证付款,丙银行保兑。货物由"铂丽"号承运,投保了平安险。甲公司知悉货物途中遇台风全损后,即通知开证行停止付款。依《海牙规则》、UCP600 号及相关规则,下列哪一选项是正确的?

A. 承运人应承担赔偿甲公司货损的责任
B. 开证行可拒付,因货已全损
C. 保险公司应赔偿甲公司货物的损失
D. 丙银行可因开证行拒付而撤销其保兑

244． 2014/1/80/多

中国甲公司与德国乙公司签订了出口红枣的合同,约定品质为二级,信用证方式支付。后因库存二级红枣缺货,甲公司自行改装一级红枣,虽发票注明品质为一级,货价仍以二级计收。但在银行办理结汇时遭拒付。根据相关公约和惯例,下列哪些选项是正确的?

A. 甲公司应承担交货不符的责任
B. 银行应在审查货物的真实等级后再决定是否收单付款
C. 银行可以发票与信用证不符为由拒绝收单付款
D. 银行应对单据记载的发货人甲公司的诚信负责

245． 2008/1/87/多

根据国际商会《跟单信用证统一惯例》(UCP600)的规定,如果受益人按照信用证的要求完成对指定银行的交单义务,出现下列哪些情形时,开证行应予承付?

A. 信用证规定指定银行议付但其未议付
B. 信用证规定指定银行延期付款但其未承诺延

期付款

C. 信用证规定指定银行承兑,指定行承兑但到期不付款

D. 信用证规定指定银行即期付款但其未付款

考点94 信用证欺诈及例外原则

246． 2019 回忆/多

中国田丰公司和拉丁美洲图朵公司订立了出口一批电子产品的合同。因目的港无直达航线,需要转船运输,合同约定了信用证支付方式。关于图朵公司申请开立的信用证,下列哪些情形属于"软条款"信用证?

A. 信用证规定"禁止转船"

B. 信用证要求提单为已装船提单

C. 信用证规定"开证行须在货物经检验合格后方可支付"

D. 信用证要求保兑

247． 2015/1/42/单

依最高人民法院《关于审理信用证纠纷案件若干问题的规定》,出现下列哪一情况时,不能再通过司法手段干预信用证项下的付款行为?

A. 开证行的授权人已对信用证项下票据善意地作出了承兑

B. 受益人交付的货物无价值

C. 受益人和开证申请人串通提交假单据

D. 受益人提交记载内容虚假的单据

248． 2013/1/100/任

中国甲公司从某国乙公司进口一批货物,委托中国丙银行出具一份不可撤销信用证。乙公司发货后持单据向丙银行指定的丁银行请求付款,银行审单时发现单据上记载内容和信用证不完全一致。乙公司称甲公司接受此不符点,丙银行经与甲公司沟通,证实了该说法,即指示丁银行付款。后甲公司得知乙公司所发货物无价值,遂向有管辖权的中国法院申请中止支付信用证项下的款项。下列说法正确的是:

A. 甲公司已接受不符点,丙银行必须承担付款责任

B. 乙公司行为构成信用证欺诈

C. 即使丁银行已付款,法院仍应裁定丙银行中止支付

D. 丙银行发现单证存在不符点,有义务联系甲公司征询是否接受不符点

249． 2012/1/81/多

根据《最高人民法院关于审理信用证纠纷案件若干问题的规定》,中国法院认定存在信用证欺诈的,应当裁定中止支付或者判决终止支付信用证项下款项,但存在除外情形。关于除外情形,下列哪些表述是正确的?

A. 开证行的指定人、授权人已按照开证行的指令善意地进行了付款

B. 开证行或者其指定人、授权人已对信用证项下票据善意地作出了承兑

C. 保兑行善意地履行了付款义务

D. 议付行善意地进行了议付

250． 2009/1/46/单

中国甲公司(买方)与某国乙公司签订仪器买卖合同,付款方式为信用证,中国丙银行为开证行,中国丁银行为甲公司申请开证的保证人,担保合同未约定法律适用。乙公司向信用证指定行提交单据后,指定行善意支付了信用证项下的款项。后甲公司以乙公司伪造单据为由,向中国某法院申请禁止支付令。依我国相关法律规定,下列哪一选项是正确的?

A. 中国法院可以诈欺为由禁止开证行对外支付

B. 因指定行已善意支付了信用证项下的款项,中国法院不应禁止中国丙银行对外付款

C. 如确有证据证明单据为乙公司伪造,中国法院可判决终止支付

D. 丁银行与甲公司之间的担保关系应适用《跟单信用证统一惯例》规定

专题十九 对外贸易管理制度

考点95 对外贸易法

251． 2008/1/85/多

根据我国 2004 年修订的《对外贸易法》的规定,关于对外贸易经营者,下列哪些选项是错误的?

A. 个人须委托具有资格的法人企业才能办理对外贸易业务

B. 对外贸易经营者未依规定办理备案登记的,海关不予办理报关验放手续

C. 有足够的资金即可自动取得对外贸易经营的资格

D. 对外贸易经营者向国务院主管部门办妥审批手续后方能取得对外贸易经营的资格

考点96 出口管制法

252． 2023 回忆/单

中国甲公司向 F 国乙公司出口一批精密仪器(出口管制物资),分两批发货,采用 CIP 术语(国际贸易术语通则 2020)。第一批交货后,甲公司发

现乙公司在其他交易中出现资金链断裂的情况,遂在通知对方后中止了第二批货物的交付。中国和F国均为《联合国国际货物销售合同公约》缔约国。对此,下列哪一说法是正确的?

A. 因双方约定承运人装货后向甲公司签发已装船提单,故甲公司应在装运港完成交货
B. 如乙公司提供充分保证,甲公司应继续履行第二批货物的交付义务
C. 甲公司应当向中国出口管制管理部门提交由其出具的这批精密仪器的最终用户和最终用途证明文件
D. 无特殊约定下,甲公司应投保平安险

253． 2022 回忆/单
营业地在广州的中国甲公司与T国乙公司签订了出口某种两用物项的货物合同,合同约定适用CFR术语。双方约定货物运输前存放在甲公司位于广州的某仓库,乙公司为该批货物最终用户。对此,下列哪一说法是正确的?

A. 广州某仓库为该批货物的交货地点
B. 甲公司应为该批货物的出口申请许可
C. 乙公司应为该批货物投保平安险
D. 乙公司收到货物后可向第三方转卖

254． 2021 回忆/多
中国人陈某和德凌公司均从事某种商品的出口贸易,该种商品在国外颇受欢迎,销量可观。后该种商品被列入我国出口管制清单。根据我国《对外贸易法》和《出口管制法》相关规定,下列哪些表述是正确的?

A. 陈某作为个人不能从事对外贸易活动
B. 德凌公司只有经有关部门审批方能从事对外贸易活动
C. 该种商品出口应申领出口许可证
D. 外国进口商不能擅自改变该种进口商品的最终用途

考点97 反倾销措施

255． 2019 回忆/单
甲乙丙三国企业均向中国出口钢材,中国钢材产业协会认为进口钢材价格过低,向商务部提出了反倾销调查申请。根据我国《反倾销条例》,下列哪一选项是正确的?

A. 若申请人不提供真实信息,商务部应当终止调查
B. 商务部认为有必要出境调查时,必须通过司法协助途径
C. 商务部可以建议但不能强迫出口经营者作出价格承诺

D. 终裁决定确定的反倾销税额低于已付或应付临时反倾销税或担保金额的,差额部分不予退还

256． 2017/1/43/单
甲、乙、丙三国生产卷钢的企业以低于正常价值的价格向中国出口其产品,代表中国同类产业的8家企业拟向商务部申请反倾销调查。依我国《反倾销条例》,下列哪一选项是正确的?

A. 如支持申请的国内生产者的产量不足国内同类产品总产量25%的,不得启动反倾销调查
B. 如甲、乙、丙三国的出口经营者不接受商务部建议的价格承诺,则会妨碍反倾销案件的调查和确定
C. 反倾销税的履行期限是5年,不得延长
D. 终裁决定确定的反倾销税高于已付的临时反倾销税的,差额部分应予补交

257． 2016/1/42/单
应国内化工产业的申请,中国商务部对来自甲国的某化工产品进行了反倾销调查。依《反倾销条例》,下列哪一选项是正确的?

A. 商务部的调查只能限于中国境内
B. 反倾销税税额不应超过终裁确定的倾销幅度
C. 甲国某化工产品的出口经营者必须接受商务部有关价格承诺的建议
D. 针对甲国某化工产品的反倾销税征收限期为5年,不得延长

258． 2014/1/42/单
甲乙丙三国企业均向中国出口某化工产品,2010年中国生产同类化工产品的企业认为进口的这一化工产品价格过低,向商务部提出了反倾销调查申请。根据相关规则,下列哪一选项是正确的?

A. 反倾销税税额不应超过终裁决定确定的倾销幅度
B. 反倾销税的纳税人为倾销进口产品的甲乙丙三国企业
C. 商务部可要求甲乙丙三国企业作出价格承诺,否则不能进口
D. 倾销进口产品来自两个以上国家,即可就倾销进口产品对国内产业造成的影响进行累积评估

259． 2012/1/41/单
部分中国企业向商务部提出反倾销调查申请,要求对原产于某国的某化工原材料进口产品进行相关调查。经查,商务部终局裁定确定倾销成立,决定征收反倾销税。根据我国相关法律规定,下列哪一说法是正确的?

A. 构成倾销的前提是进口产品对我国化工原材料产业造成了实质损害，或者产生实质损害威胁
B. 对不同出口经营者应该征收同一标准的反倾销税税额
C. 征收反倾销税，由国务院关税税则委员会作出决定，商务部予以执行
D. 与反倾销调查有关的对外磋商、通知和争端事宜由外交部负责

260. 2011/1/42/单
甲、乙、丙中国企业代表国内某食品原料产业向商务部提出反倾销调查申请，要求对原产于A国、B国、C国的该原料进行相关调查。经查，商务部终局裁定确定倾销成立，对国内产业造成损害，决定征收反倾销税。根据我国相关法律规定，下列哪一说法是正确的？
A. 反倾销税的纳税人是该原料的出口经营者
B. 在反倾销调查期间，商务部可以建议进口经营者作出价格承诺
C. 终裁决定确定的反倾销税额高于已付或应付临时反倾销税或担保金额的，差额部分不予征收
D. 终裁决定确定的反倾销税额低于已付或应付临时反倾销税或担保金额的，差额部分不予退还

261. 2010/1/44/单
国内某产品生产商向我国商务部申请对从甲国进口的该产品进行反倾销调查。该产品的国内生产商共有100多家。根据我国相关法律规定，下列哪一选项是正确的？
A. 任何一家该产品的国内生产商均可启动反倾销调查
B. 商务部可强迫甲国出口商作出价格承诺
C. 如终裁决定确定的反倾销税高于临时反倾销税，甲国出口商应当补足
D. 反倾销税税额不应超过终裁决定确定的倾销幅度

262. 2008/1/83/多
在进口倾销对国内产业造成实质损害的情况下，反倾销税可以追溯征收。该反倾销税可适用于下列哪些产品？
A. 采取临时反倾销措施期间进口的产品
B. 发起反倾销调查前90天内进口的产品
C. 提起反倾销调查前90天进口的产品
D. 实施临时反倾销措施之日前90天内进口的产品

考点98 反补贴措施

263. 2021回忆/多
中国某产业协会认为甲国出口到中国的某商品构成政府补贴，侵害了中国企业的利益，为此提出反补贴调查申请。商务部终局裁定采取反补贴措施。根据中国相关立法和实践，下列哪些说法是正确的？
A. 该项政府补贴应具有专向性
B. 甲国出口商对商务部的终局裁定不服，可以提交WTO争端解决
C. 甲国出口商对商务部的终局裁定不服，可以申请复议，也可以向人民法院提起诉讼
D. 若甲国出口商提起行政诉讼，对于其提供的在反补贴调查中拒不提供的证据，人民法院不予采纳

264. 2014/1/82/多
根据《中华人民共和国反补贴条例》，下列哪些选项属于补贴？
A. 出口国政府出资兴建通向口岸的高速公路
B. 出口国政府给予企业的免税优惠
C. 出口国政府提供的贷款
D. 出口国政府通过向筹资机构付款，转而向企业提供资金

265. 2009/1/45/单
中国某化工产品的国内生产商向中国商务部提出对从甲国进口的该类化工产品的反补贴调查申请。依我国相关法律规定，下列哪一选项是正确的？
A. 商务部认为必要时可以强制出口经营者作出价格承诺
B. 商务部认为有必要出境调查时，必须通过司法协助途径
C. 反补贴税税额不得超过终裁决定确定的补贴金额
D. 甲国该类化工产品的出口商是反补贴税的纳税人

考点99 保障措施

266. 2015/1/43/单
进口中国的某类化工产品2015年占中国的市场份额比2014年有较大增加，经查，两年进口总量虽持平，但仍给生产同类产品的中国产业造成了严重损害。依我国相关法律，下列哪一选项是正确的？
A. 受损害的中国国内产业可向商务部申请反倾销调查
B. 受损害的中国国内产业可向商务部提出采取保障措施的书面申请
C. 因为该类化工产品的进口数量并没有绝对增

加,故不能采取保障措施
D. 该类化工产品的出口商可通过价格承诺避免保障措施的实施

267. 2013/1/44/单
根据《中华人民共和国保障措施条例》,下列哪一说法是不正确的?
A. 保障措施中"国内产业受到损害",是指某种进口产品数量增加,并对生产同类产品或直接竞争产品的国内产业造成严重损害或严重损害威胁
B. 进口产品数量增加指进口数量的绝对增加或与国内生产相比的相对增加
C. 终裁决定确定不采取保障措施的,已征收的临时关税应当予以退还
D. 保障措施只应针对终裁决定作出后进口的产品实施

268. 2011/1/41/单
进口到中国的某种化工材料数量激增,其中来自甲国的该种化工材料数量最多,导致中国同类材料的生产企业遭受实质损害。根据我国相关法律规定,下列哪一选项是正确的?
A. 中国有关部门启动保障措施调查,应以国内有关生产者申请为条件
B. 中国有关部门可仅对已经进口的甲国材料采取保障措施
C. 如甲国企业同意进行价格承诺,则可避免被中国采取保障措施
D. 如采取保障措施,措施针对的材料范围应当与调查范围相一致

专题二十 世界贸易组织

考点100 WTO 基本制度

269. 2012/1/44/单
关于中国与世界贸易组织的相关表述,下列哪一选项是不正确的?
A. 世界贸易组织成员包括加入世界贸易组织的各国政府和单独关税区政府,中国香港、澳门和台湾是世界贸易组织的成员
B. 《政府采购协议》属于世界贸易组织法律体系中诸边贸易协议,该协议对于中国在内的所有成员均有约束力
C. 《中国加入世界贸易组织议定书》中特别规定了针对中国产品的特定产品的过渡性保障措施机制
D. 《关于争端解决规则与程序的谅解》在世贸易组织框架下建立了统一的多边贸易争端解决机制

270. 2011/1/43/单
关于中国在世贸组织中的权利义务,下列哪一表述是正确的?
A. 承诺入世后所有中国企业都有权进行货物进出口,包括国家专营商品
B. 对中国产品的出口,进口成员在进行反倾销调查时选择替代国价格的做法,在《中国加入世界贸易组织议定书》生效15年后终止
C. 非专向补贴不受世界贸易组织多边贸易体制的约束,包括中国对所有国有企业的补贴
D. 针对中国产品的过渡性保障措施,在实施条件上与保障措施的要求基本相同,在实施程序上相对简便

考点101 WTO 最惠国待遇原则

271. 2014/1/100/任
甲乙丙三国为世界贸易组织成员,丁国不是该组织成员。关于甲国对进口立式空调和中央空调的进口关税问题,根据《关税与贸易总协定》,下列违反最惠国待遇的做法是:
A. 甲国给予来自乙国的立式空调和丙国的中央空调以不同的关税
B. 甲国给予来自乙国和丁国的立式空调以不同的进口关税
C. 因实施反倾销措施,导致从乙国进口的立式空调的关税高于从丙国进口的
D. 甲国给予来自乙丙两国的立式空调以不同的关税

考点102 《与贸易有关的投资措施协议》

272. 2019 回忆/单
甲国某项投资法律要求外商投资企业必须购买东道国原材料作为生产投入,乙国认为该项措施违反了WTO的《与贸易有关的投资措施协议》,诉诸WTO争端解决机制。根据WTO相关规则,下列哪一选项是正确的?
A. 甲国投资法的该项规定属于进口用汇限制
B. 《与贸易有关的投资措施协议》适用于货物贸易、服务贸易和知识产权
C. WTO争端解决机制仅适用于与贸易有关的投资措施等争端
D. 磋商是成立专家组之前的必经程序

273. 2015/1/44/单
为了促进本国汽车产业,甲国出台规定,如生产的汽车使用了30%国产零部件,即可享受

税收减免的优惠。依世界贸易组织的相关规则,关于该规定,下列哪一选项是正确的?
A. 违反了国民待遇原则,属于禁止使用的与贸易有关的投资措施
B. 因含有国内销售的要求,是扭曲贸易的措施
C. 有贸易平衡的要求,属于禁止的数量限制措施
D. 有外汇平衡的要求,属于禁止的投资措施

274． 2009/1/84/多
针对甲国一系列影响汽车工业的措施,乙、丙、丁等国向甲国提出了磋商请求。四国均为世界贸易组织成员。关于甲国采取的措施,下列哪些是《与贸易有关的投资措施协议》禁止使用的?
A. 要求汽车生产企业在生产过程中必须购买一定比例的当地产品
B. 依国产化率对汽车中使用的进口汽车部件减税
C. 规定汽车生产企业的外资股权比例不应超过60%
D. 要求企业购买进口产品的数量不能大于其出口产品的数量

考点103 《服务贸易总协定》

275． 2013/1/42/单
根据世界贸易组织《服务贸易总协定》,下列哪一选项是正确的?
A. 协定适用于成员方的政府服务采购
B. 中国公民接受国外某银行在中国分支机构的服务属于协定中的境外消费
C. 协定中的最惠国待遇只适用于服务产品而不适用于服务提供者
D. 协定中的国民待遇义务,仅限于列入承诺表的部门

276． 2012/1/40/单
《服务贸易总协定》规定了服务贸易的方式,下列哪一选项不属于协定规定的服务贸易?
A. 中国某运动员应聘到美国担任体育教练
B. 中国某旅行公司组团到泰国旅游
C. 加拿大某银行在中国设立分支机构
D. 中国政府援助非洲某国一笔资金

考点104 WTO争端解决机制

277． 2017/1/80/多
甲、乙、丙三国均为 WTO 成员国,甲国给予乙国进口丝束的配额,但没有给予丙国配额,而甲国又是国际上为数不多消费丝束产品的国家。为此,丙国诉诸 WTO 争端解决机制。依相关规则,下列哪些选项是正确的?
A. 丙国生产丝束的企业可以甲国违反最惠国待遇为由起诉甲国
B. 甲、丙两国在成立专家组之前必须经过"充分性"的磋商
C. 除非争端解决机构一致不通过相关争端解决报告,该报告即可通过
D. 如甲国败诉且拒不执行裁决,丙国可向争端解决机构申请授权对甲国采取报复措施

278． 2015/1/80/多
甲、乙、丙三国均为世界贸易组织成员,甲国对进口的某类药品征收8%的国内税,而同类国产药品的国内税为6%。针对甲国的规定,乙、丙两国向世界贸易组织提出申诉,经裁决甲国败诉,但其拒不执行。依世界贸易组织的相关规则,下列哪些选项是正确的?
A. 甲国的行为违反了国民待遇原则
B. 乙、丙两国可向上诉机构申请强制执行
C. 乙、丙两国经授权可以对甲国采取中止减让的报复措施
D. 乙、丙两国的报复措施只限于在同种产品上使用

279． 2013/1/43/单
关于世界贸易组织争端解决机制的表述,下列哪一选项是不正确的?
A. 磋商是争端双方解决争议的必经程序
B. 上诉机构为世界贸易组织争端解决机制中的常设机构
C. 如败诉方不遵守争端解决机构的裁决,申诉方可自行采取中止减让或中止其他义务的措施
D. 申诉方在实施报复时,中止减让或中止其他义务的程度和范围应与其所受到损害相等

280． 2012/1/42/单
甲、乙均为世界贸易组织成员国。乙称甲关于影像制品的进口管制违反国民待遇原则,为此向世界贸易组织提出申诉,并经专家组和上诉机构审理。对此,下列哪一选项是正确的?
A. 甲、乙磋商阶段达成的谅解协议,可被用于后续争端解决审理
B. 专家组可对未在申请书中指明的诉求予以审查
C. 上诉机构可将案件发回专家组重审
D. 上诉案件由上诉机构7名成员中3人组成上诉庭审理

281． 2010/1/46/单
甲乙二国均为世贸组织成员国,乙国称甲国实施的保障措施违反非歧视原则,并将争端提交世贸组织争端解决机构。对此,下列哪一选项是正确的?

A. 对于乙国没有提出的主张,专家组仍可因其相关性而作出裁定
B. 甲乙二国在解决争端时必须经过磋商、仲裁和调解程序
C. 争端解决机构在通过争端解决报告上采用的是"反向一致"原则
D. 如甲国拒绝履行上诉机构的裁决,乙国可向争端解决机构上诉

282． 2009/1/44/单

甲乙两国均为世界贸易组织成员,甲国对乙国出口商向甲国出口轮胎征收高额反倾销税,使乙国轮胎出口企业损失严重。乙国政府为此向世界贸易组织提出申诉,经专家组和上诉机构审理胜诉。下列哪一选项是正确的?
A. 如甲国不履行世贸组织的裁决,乙国可申请强制执行
B. 如甲国不履行世贸组织的裁决,乙国只可在轮胎的范围内实施报复
C. 如甲国不履行世贸组织的裁决,乙国可向争端解决机构申请授权报复
D. 上诉机构只有在对该案的法律和事实问题进行全面审查后才能作出裁决

专题二十一 国际经济法领域的其他法律制度

考点105 《保护工业产权巴黎公约》

283． 2020 回忆/单

甲国A公司在乙国投资设立B公司,并就该投资项目向多边投资担保机构投保货币汇兑险。A公司的某项产品发明在甲国首次申请专利后,又在乙国提出同一主题的专利申请,同时要求获得优先权保护。甲、乙两国都是《多边投资担保机构公约》和《保护工业产权巴黎公约》的缔约国,下列哪一项说法是错误的?
A. 乙国应为发展中国家
B. 若乙国进行外汇管制,该风险不属于货币汇兑险的承保范围
C. 乙国有权要求A公司委派乙国境内的本地专利代理机构申请专利
D. 即使A公司在甲国的专利申请被驳回,也不影响其在乙国申请的优先权

284． 2013/1/41/单

2011年4月6日,张某在广交会上展示了其新发明的产品,4月15日,张某在中国就其产品申请发明专利(后获得批准)。6月8日,张某在向《巴黎公约》成员国甲国申请专利时,得知甲国公民已在6月6日向甲国就同样产品申请专利。下列哪一说法是正确的?
A. 如张某提出优先权申请并加以证明,其在甲国的申请日至少可以提前至2011年4月15日
B. 2011年4月6日这一时间点对张某在甲国以及《巴黎公约》其他成员国申请专利没有任何影响
C. 张某在中国申请专利已获得批准,甲国也应当批准他的专利申请
D. 甲国不得要求张某必须委派甲国本地代理人代为申请专利

285． 2009/1/42/单

根据《保护工业产权的巴黎公约》,关于优先权,下列哪一选项是正确的?
A. 优先权的获得需要申请人于"在后申请"中提出优先权申请并提供有关证明文件
B. 所有的工业产权均享有相同期间的优先权
C. "在先申请"撤回,"在后申请"的优先权地位随之丧失
D. "在先申请"被驳回,"在后申请"的优先权地位随之丧失

考点106 《保护文学艺术作品伯尔尼公约》

286． 2017/1/44/单

甲国人迈克在甲国出版著作《希望之路》后25天内,又在乙国出版了该作品,乙国是《保护文学和艺术作品伯尔尼公约》缔约国,甲国不是。依该公约,下列哪一选项是正确的?
A. 因《希望之路》首先在非缔约国出版,不能在缔约国享受国民待遇
B. 迈克在甲国出版《希望之路》后25天内在乙国出版,仍然具有缔约国的作品国籍
C. 乙国依国民待遇为该作品提供的保护需要迈克履行相应的手续
D. 乙国对该作品的保护有赖于其在甲国是否受保护

287． 2014/1/43/单

甲国人柯里在甲国出版的小说流传到乙国后出现了利用其作品的情形,柯里认为侵犯了其版权,并诉诸乙国法院。尽管甲乙两国均为《伯尔尼公约》的缔约国,但依甲国法,此种利用作品不构成侵权,另外,甲国法要求作品要履行一定的手续才能获得保护。根据相关规则,下列哪一选项是正确的?
A. 柯里须履行甲国法要求的手续才能在乙国得到版权保护
B. 乙国法院可不受理该案,因作品来源国的法律不认为该行为是侵权

C. 如该小说在甲国因宗教原因被封杀,乙国仍可予以保护

D. 依国民待遇原则,乙国只能给予该作品与甲国相同水平的版权保护

288． 2012/1/82/多

李伍为惯常居所地在甲国的公民,满成为惯常居所地在乙国的公民。甲国不是《保护文学艺术作品伯尔尼公约》缔约国,乙国和中国是该公约的缔约国。关于作品在中国的国民待遇,下列哪些选项是正确的?

A. 李伍的文章在乙国首次发表,其作品在中国享有国民待遇

B. 李伍的文章无论发表与否,其作品在中国享有国民待遇

C. 满成的文章无论在任何国家首次发表,其作品在中国享有国民待遇

D. 满成的文章无论发表与否,其作品在中国享有国民待遇

考点107 《与贸易有关的知识产权协议》（TRIPS协议）

289． 2015/1/81/多

香槟是法国地名,中国某企业为了推广其葡萄酒产品,拟为该产品注册"香槟"商标。依《与贸易有关的知识产权协议》,下列哪些选项是正确的?

A. 只要该企业有关"香槟"的商标注册申请在先,商标局就可以为其注册

B. 如该注册足以使公众对该产品的来源误认,则应拒绝注册

C. 如该企业是在利用香槟这一地理标志进行暗示,则应拒绝注册

D. 如允许来自法国香槟的酒产品注册"香槟"的商标,而不允许中国企业注册该商标,则违反了国民待遇原则

290． 2010/1/41/单

关于版权保护,下列哪一选项体现了《与贸易有关的知识产权协议》对《伯尔尼公约》的补充?

A. 明确了摄影作品的最低保护期限

B. 将计算机程序和有独创性的数据汇编列为版权保护的对象

C. 增加了对作者精神权利方面的保护

D. 无例外地实行国民待遇原则

291． 2009/1/86/多

中国甲公司发现有假冒"麒麟"商标的货物通过海关进口。依我国相关法律规定,甲公司可以采取下列哪些措施?

A. 甲公司可向海关提出采取知识产权保护措施的备案申请

B. 甲公司可要求海关将涉嫌侵犯"麒麟"商标权的标记移除后再进口

C. 甲公司可向货物进出境地海关提出扣留涉嫌侵权货物的申请

D. 甲公司在向海关提出采取保护措施的申请后,可在起诉前就被扣留的涉嫌侵权货物向法院申请采取责令停止侵权行为的措施

292． 2008/1/43/单

根据《与贸易有关的知识产权协定》,关于商标所有人转让商标,下列哪一选项是正确的?

A. 必须将该商标与所属业务同时转让

B. 可以将该商标与所属业务同时转让

C. 不能将该商标与所属业务同时转让

D. 可以通过强制许可形式转让

考点108 国际知识产权许可协议

293． 2016/1/43/单

中国甲公司与德国乙公司签订了一项新技术许可协议,规定在约定期间内,甲公司在亚太区独占使用乙公司的该项新技术。依相关规则,下列哪一选项是正确的?

A. 在约定期间内,乙公司在亚太区不能再使用该项新技术

B. 乙公司在全球均不能再使用该项新技术

C. 乙公司不能再将该项新技术允许另一家公司在德国使用

D. 乙公司在德国也不能再使用该项新技术

考点109 多边投资担保机构（MIGA）

294． 2016/1/44/单

甲国T公司与乙国政府签约在乙国建设自来水厂,并向多边投资担保机构投保。依相关规则,下列哪一选项是正确的?

A. 乙国货币大幅贬值造成T公司损失,属货币汇兑险的范畴

B. 工人罢工影响了自来水厂的正常营运,属战争内乱险的范畴

C. 乙国新所得税法致T公司所得税增加,属征收和类似措施险的范畴

D. 乙国政府不履行与T公司签订的合同,乙国法院又拒绝受理相关诉讼,属政府违约险的范畴

295． 2014/1/99/任

甲国公司在乙国投资建成地热公司,

· 44 ·

并向多边投资担保机构投了保。1993年,乙国因外汇大量外流采取了一系列的措施,使地热公司虽取得了收入汇出批准书,但仍无法进行货币汇兑并汇出,甲公司认为已发生了禁兑风险,并向投资担保机构要求赔偿。根据相关规则,下列选项正确的是:

A. 乙国中央银行已批准了货币汇兑,不能认为发生了禁兑风险
B. 消极限制货币汇兑也属于货币汇兑险的范畴
C. 乙国应为发展中国家
D. 担保机构一经向甲公司赔付,即代位取得向东道国的索赔权

296． 2013/1/80/多

关于国际投资法相关条约,下列哪些表述是正确的?

A. 依《关于解决国家和他国国民之间投资争端公约》,投资争端应由双方书面同意提交给投资争端国际中心,当双方表示同意后,任何一方不得单方面撤销
B. 依《多边投资担保机构公约》,多边投资担保机构只对向发展中国家领土内的投资予以担保
C. 依《与贸易有关的投资措施协议》,要求企业购买或使用最低比例的当地产品属于协议禁止使用的措施
D. 依《与贸易有关的投资措施协议》,限制外国投资者投资国内公司的投资比例属于协议禁止使用的措施

297． 2011/1/44/单

根据《多边投资担保机构公约》,关于多边投资担保机构(MIGA)的下列哪一说法是正确的?

A. MIGA承保的险别包括征收和类似措施险、战争和内乱险、货币汇兑险和投资方违约险
B. 作为MIGA合格投资者(投保人)的法人,只能是具有东道国以外任何一个缔约国国籍的法人
C. 不管是发展中国家的投资者,还是发达国家的投资者,都可向MIGA申请投保
D. MIGA承保的前提条件是投资者母国和东道国之间有双边投资保护协定

298． 2009/1/100/任

甲乙两国均为《多边投资担保机构公约》缔约国,甲国公民帕克在乙国投资时向多边投资担保机构进行了投资保险。对此,下列说法正确的是:

A. 如乙国并未拒绝帕克的汇兑申请,而只是消极拖延则不属于货币汇兑险的范围
B. 乙国应当是发展中国家
C. 如发生在乙国邻国的战争影响了帕克在乙国投资的正常营运,也属于战争内乱险承保的范畴
D. 乙国政府对帕克的违约属于政府违约险承保的范畴

考点110 国际投资争端解决中心(ICSID)

299． 2022 回忆/任

甲、乙两国均为《解决国家和他国公民间投资争端公约》缔约国。甲国M公司和乙国政府因履行在乙国的投资协议产生纠纷,双方达成书面协议,将争端提交解决国际投资争端中心(以下简称中心)解决。根据相关法律规定,下列说法正确的是:

A. 若乙国政府不履行投资协议,M公司可直接请求甲国政府行使外交保护
B. 被投资国法律不明时,中心可以此为由拒绝作出仲裁裁决
C. 中心应对"投资"的含义进行界定和解释
D. 双方不用尽当地救济就可将争端提交中心解决

300． 2017/1/81/多

甲国惊奇公司的创新科技产品经常参加各类国际展览会,该公司向乙国的投资包含了专利转让,甲、乙两国均为《巴黎公约》和《华盛顿公约》(公约设立的解决国际投资争端中心的英文简称为ICSID)的成员。依相关规定,下列哪些选项是正确的?

A. 惊奇公司的新产品参加在乙国举办的国际展览会,产品中可取得专利的发明应获得临时保护
B. 如惊奇公司与乙国书面协议将其争端提交给ICSID解决,ICSID即对该争端有管辖权
C. 提交ICSID解决的争端可以是任何与投资有关的争端
D. 乙国如对ICSID裁决不服的,可寻求向乙国的最高法院上诉

301． 2012/1/43/单

甲、乙均为《解决国家和他国公民间投资争端公约》缔约国。甲国A公司拟将与乙的争端提交根据该公约成立的解决国际投资争端中心。对此,下列哪一选项是不正确的?

A. 该中心可根据A公司的单方申请对该争端行使管辖权
B. 该中心对该争端行使管辖权,须以A公司和乙书面同意为条件

C. 如乙没有特别规定,该中心对争端享有管辖权不以用尽当地救济为条件
D. 该中心对该争端行使管辖权后,可依争端双方同意的法律规则作出裁决

302． 2011/1/81/多
关于《解决国家和他国民间投资争端公约》和依其设立的解决国际投资争端中心,下列哪些说法是正确的?
A. 中心管辖直接因投资引起的法律争端
B. 中心管辖的争端必须是关于法律权利或义务的存在或其范围,或是关于因违反法律义务而实行赔偿的性质或限度的
C. 批准或加入公约本身并不等于缔约国承担了将某一特定投资争端提交中心调解或仲裁的义务
D. 中心的裁决对争端各方均具有约束力

考点111 特别提款权

303． 2009/1/85/多
关于特别提款权,下列哪些选项是正确的?
A. 甲国可以用特别提款权偿还国际货币基金组织为其渡过金融危机提供的贷款
B. 甲乙两国的贸易公司可将特别提款权用于两公司间国际货物买卖的支付
C. 甲乙两国可将特别提款权用于两国政府间结算
D. 甲国可以将特别提款权用于国际储备

考点112 国际融资担保

304． 2018 回忆/单
中国某工程公司在甲国承包了一项工程,中国某银行对甲国的发包方出具了见索即付的保函,后甲国发包方以中国公司违约为由向中国银行要求支付保函上的款项。根据我国相关法律规定,下列哪一选项是正确的?
A. 如果该工程公司是我国政府独资的国有企业,则银行可以以此为由拒绝向受益人付款
B. 中国银行可以主张保函受益人先向该工程公司求偿,待其拒绝后再履行保函义务
C. 中国银行应对施工合同进行实质性审查后,方可决定是否履行保函义务
D. 只要保函受益人提交的书面文件之间相符,且与保函要求相符,银行就应当承担付款责任

305． 2017/1/82/多
中国甲公司在承担中东某建筑工程时涉及一系列分包合同和买卖合同,并使用了载明适用《见索即付保函统一规则》的保函。后涉及保函的争议诉至中国某法院。依相关司法解释,下列哪些选项是正确的?
A. 保函内容中与《见索即付保函统一规则》不符的部分无效
B. 因该保函记载了某些对应的基础交易,故该保函争议应适用我国《民法典》有关保证的规定
C. 只要受益人提交的单据与独立保函条款、单据与单据之间表面相符,开立人就须独立承担付款义务
D. 单据与独立保函条款之间表面上不完全一致,但并不导致相互之间产生歧义的,仍应认定构成表面相符

306． 2016/1/81/多
在一国际贷款中,甲银行向贷款银行乙出具了备用信用证,后借款人丙公司称贷款协议无效,拒绝履约。乙银行向甲银行出示了丙公司的违约证明,要求甲银行付款。依相关规则,下列哪些选项是正确的?
A. 甲银行必须对违约的事实进行审查后才能向乙银行付款
B. 备用信用证与商业跟单信用证适用相同的国际惯例
C. 备用信用证独立于乙银行与丙公司的国际贷款协议
D. 即使该国际贷款协议无效,甲银行仍须承担保证责任

307． 2011/1/82/多
甲国公司承担乙国某工程,与其签订工程建设合同。丙银行为该工程出具见索即付的保函。后乙国发生内战,工程无法如期完工。对此,下列哪些选项是正确的?
A. 丙银行对该合同因战乱而违约的事实进行实质审查后,方履行保函义务
B. 因该合同违约原因是乙国内战,丙银行可以此为由不履行保函义务
C. 丙银行出具的见索即付保函独立于该合同,只要违约事实出现即须履行保函义务
D. 保函被担保人无须对甲国公司采取各种救济方法,便可直接要求丙银行履行保函义务

308． 2008/1/86/多
实践中,国际融资担保存在多种不同的形式,如银行保函、备用信用证、浮动担保等,中国法律对其中一些担保形式没有相应的规定。根据国际惯例,关于各类融资担保,下列哪些选项是正确的?

A. 备用信用证项下的付款义务只有在开证行对借款人的违约事实进行实质审查后才产生
B. 大公司出具的担保意愿书具有很强的法律效力
C. 见索即付保函独立于基础合同
D. 浮动担保中用于担保的财产的价值是变化的

考点113 国际贷款协议

309． 2021回忆/任

某外国公司与我国甲银行(甲银行为牵头银行)等众多银行签了间接银团贷款合同,牵头银行将贷款份额转售给其他银行。对此,下列说法正确的是：
A. 所有参与贷款的银行之间负连带责任
B. 甲银行作为牵头银行与该外国公司签订贷款协议
C. 所有参与贷款的银行均需与该外国公司签订贷款协议
D. 所有参与银行应按照统一的条件发放贷款

考点114 国际税法

310． 2019回忆/多

中国和新加坡都接受了《金融账户信息自动交换标准》中的"共同申报准则"(CRS)。定居在中国的张某在新加坡银行和保险机构均有账户,同时还在新加坡拥有房产和收藏品等,下列哪些说法是正确的？
A. 如中国未提供正当理由,新加坡无须向中国报送张某的金融账户信息
B. 新加坡应向中国报送张某在特定保险机构的账户信息
C. 新加坡可不向中国报送张某在新加坡的房产和收藏品信息
D. 因张某为瑞士国籍,可以要求新加坡不向中国报送其在新加坡的金融账户信息

311． 2016/1/82/多

甲乙两国均为WTO成员,甲国纳税居民马克是甲国保险公司的大股东,马克从该保险公司在乙国的分支机构获利35万美元。依《服务贸易总协定》及相关税法规则,下列哪些选项是正确的？
A. 甲国保险公司在乙国设立分支机构,属于商业存在的服务方式
B. 马克对甲国承担无限纳税义务
C. 两国均对马克的35万美元获利征税属于重叠征税
D. 35万美元获利属于甲国人马克的所得,乙国无权对其征税

312． 2015/1/82/多

为了完成会计师事务所交办的涉及中国某项目的财务会计报告,永居甲国的甲国人里德来到中国工作半年后,圆满完成报告并获得了相应的报酬。依相关法律规则,下列哪些选项是正确的？
A. 里德是甲国人,中国不能对其征税
B. 因里德在中国停留超过了183天,中国对其可从源征税
C. 如中国已对里德征税,则甲国在任何情况下均不得对里德征税
D. 如里德被甲国认定为纳税居民,则应对甲国承担无限纳税义务

313． 2014/1/44/单

甲国人李某长期居住在乙国,并在乙国经营一家公司,在甲国则只有房屋出租。在确定纳税居民的身份上,甲国以国籍为标准,乙国以住所和居留时间为标准。根据相关规则,下列哪一选项是正确的？
A. 甲国只能对李某在甲国的房租收入行使征税权,而不能对其在乙国的收入行使征税权
B. 甲乙两国可通过双边税收协定协调居民税收管辖权的冲突
C. 如甲国和乙国对李某在乙国的收入同时征税,属于国际重叠征税
D. 甲国对李某在乙国经营公司的收入行使的是所得来源地税收管辖权

314． 2010/1/84/多

目前各国对非居民营业所得的纳税普遍采用常设机构原则。关于该原则,下列哪些表述是正确的？
A. 仅对非居民纳税人通过在境内的常设机构获得的工商营业利润实行征税
B. 常设机构原则同样适用于有关居民的税收
C. 管理场所、分支机构、办事处、工厂、油井、采石场等属于常设机构
D. 常设机构必须满足公司实体的要求

315． 2009/1/87/多

在国际税法中,对于法人居民身份的认定各国有不同标准。下列哪些属于判断法人纳税居民身份的标准？
A. 依法人的注册成立地判断
B. 依法人的股东在征税国境内停留的时间判断
C. 依法人的总机构所在地判断
D. 依法人的实际控制与管理中心所在地判断

国际法 [考点法条]

专题四 国际法上的个人

考点20 国籍的取得
《国籍法》
第四条 [出生取得国籍之一]父母双方或一方为中国公民,本人出生在中国,具有中国国籍。
第五条 [出生取得国籍之二]父母双方或一方为中国公民,本人出生在外国,具有中国国籍;但父母双方或一方为中国公民并定居在外国,本人出生时即具有外国国籍的,不具有中国国籍。
第六条 [出生取得国籍之三]父母无国籍或国籍不明,定居在中国,本人出生在中国,具有中国国籍。
第八条 [中国国籍的加入和外国国籍的丧失]申请加入中国国籍获得批准的,即取得中国国籍;被批准加入中国国籍的,不得再保留外国国籍。

考点21 国籍的丧失
《国籍法》
第三条 [双重国籍的否认]中华人民共和国不承认中国公民具有双重国籍。
第九条 [丧失中国国籍之一]定居外国的中国公民,自愿加入或取得外国国籍的,即自动丧失中国国籍。
第十条 [申请退出中国国籍]中国公民具有下列条件之一的,可以经申请批准退出中国国籍:
一、外国人的近亲属;
二、定居在外国的;
三、有其它正当理由。
第十一条 [丧失中国国籍之二]申请退出中国国籍获得批准的,即丧失中国国籍。
第十二条 [不得退出中国国籍的人员]国家工作人员和现役军人,不得退出中国国籍。
第十五条 [受理国籍申请的机关]受理国籍申请的机关,在国内为当地市、县公安局,在国外为中国外交代表机关和领事机关。
第十六条 [国籍申请的审批]加入、退出和恢复中国国籍的申请,由中华人民共和国公安部审批。经批准的,由公安部发给证书。
《涉外民事关系法律适用法》
第十九条 [国籍冲突时法律适用的解决]依照本法适用国籍国法律,自然人具有两个以上国籍的,适用有经常居所的国籍国法律;在所有国籍国均无经常居所的,适用与其有最密切联系的国籍国法律。自然人无国籍或者国籍不明的,适用其经常居所地法律。

考点22 中国人的出入境
《出境入境管理法》
第十一条 [中国公民出境入境程序]中国公民出境入境,应当向出入境边防检查机关交验本人的护照或者其他旅行证件等出境入境证件,履行规定的手续,经查验准许,方可出境入境。
具备条件的口岸,出入境边防检查机关应当为中国公民出境入境提供专用通道等便利措施。
第十二条 [中国公民不准出境的情形]中国公民有下列情形之一的,不准出境:
(一)未持有效出境入境证件或者拒绝、逃避接受边防检查的;
(二)被判处刑罚尚未执行完毕或者属于刑事案件被告人、犯罪嫌疑人的;
(三)有未了结的民事案件,人民法院决定不准出境的;
(四)因妨害国(边)境管理受到刑事处罚或者因非法出境、非法居留、非法就业被其他国家或者地区遣返,未满不准出境规定年限的;
(五)可能危害国家安全和利益,国务院有关主管部门决定不准出境的;
(六)法律、行政法规规定不准出境的其他情形。
第十三条 [定居国外的中国公民申请回国定居]定居国外的中国公民要求回国定居的,应当在入境前向中华人民共和国驻外使馆、领馆或者外交部委托的其他驻外机构提出申请,也可以由本人或者经由国内亲属向拟定居地的县级以上地方人民政府侨务部门提出申请。
第十四条 [定居国外的中国公民在中国境内从事有关活动身份证明]定居国外的中国公民在中国境内办理金融、教育、医疗、交通、电信、社会保险、财产登记等事务需要提供身份证明的,可以凭本人的护照证明其身份。

考点23 外国人的出入境
(一)入境
《出境入境管理法》
第四条 [出入境管理工作体制]公安部、外交部按照各自职责负责有关出境入境事务的管理。
中华人民共和国驻外使馆、领馆或者外交部委托的其他驻外机构(以下称驻外签证机关)负责在境外签发外国人入境签证。出入境边防检查机关负责实施出境入境边防检查。县级以上地方人民政府公安机关及其出入境管理机构负责外国人停留居留管理。
公安部、外交部可以在各自职责范围内委托县级以上地方人民政府公安机关出入境管理机构、县级以上地方人民政府外事部门受理外国人入境、停留居留申请。

公安部、外交部在出境入境事务管理中,应当加强沟通配合,并与国务院有关部门密切合作,按照各自职责分工,依法行使职权,承担责任。

第二十一条　[不予签发签证] 外国人有下列情形之一的,不予签发签证:

(一)被处驱逐出境或者被决定遣送出境,未满不准入境规定年限的;

(二)患有严重精神障碍、传染性肺结核病或者有可能对公共卫生造成重大危害的其他传染病的;

(三)可能危害中国国家安全和利益、破坏社会公共秩序或者从事其他违法犯罪活动的;

(四)在申请签证过程中弄虚作假或者不能保障在中国境内期间所需费用的;

(五)不能提交签证机关要求提交的相关材料的;

(六)签证机关认为不宜签发签证的其他情形。

对不予签发签证的,签证机关可以不说明理由。

第二十二条　[免办签证] 外国人有下列情形之一的,可以免办签证:

(一)根据中国政府与其他国家政府签订的互免签证协议,属于免办签证人员的;

(二)持有效的外国人居留证件的;

(三)持联程客票搭乘国际航行的航空器、船舶、列车从中国过境前往第三国或者地区,在中国境内停留不超过二十四小时且不离开口岸,或者在国务院批准的特定区域内停留不超过规定时限的;

(四)国务院规定的可以免办签证的其他情形。

第二十三条　[临时入境] 有下列情形之一的外国人需要临时入境的,应当向出入境边防检查机关申请办理临时入境手续:

(一)外国船员及其随行家属登陆港口所在城市的;

(二)本法第二十二条第三项规定的人员需要离开口岸的;

(三)因不可抗力或者其他紧急原因需要临时入境的。

临时入境的期限不得超过十五日。

对申请办理临时入境手续的外国人,出入境边防检查机关可以要求外国人本人、载运其入境的交通运输工具的负责人或者交通运输工具出入境业务代理单位提供必要的保证措施。

第二十五条　[外国人不准入境的情形和程序] 外国人有下列情形之一的,不准入境:

(一)未持有效出境入境证件或者拒绝、逃避接受边防检查的;

(二)具有本法第二十一条第一款第一项至第四项规定情形的;

(三)入境后可能从事与签证种类不符的活动的;

(四)法律、行政法规规定不准入境的其他情形。

对不准入境的,出入境边防检查机关可以不说明理由。

(二)出境

(1)限制出境

《出境入境管理法》

第二十八条　[外国人不准出境的情形] 外国人有下列情形之一的,不准出境:

(一)被判处刑罚尚未执行完毕或者属于刑事案件被告人、犯罪嫌疑人的,但是按照中国与外国签订的有关协议,移管被判刑人的除外;

(二)有未了结的民事案件,人民法院决定不准出境的;

(三)拖欠劳动者的劳动报酬,经国务院有关部门或者省、自治区、直辖市人民政府决定不准出境的;

(四)法律、行政法规规定不准出境的其他情形。

(2)强制出境

《出境入境管理法》

第六十二条　[遣送出境的适用情形、法律效果] 外国人有下列情形之一的,可以遣送出境:

(一)被处限期出境,未在规定期限内离境的;

(二)有不准入境情形的;

(三)非法居留、非法就业的;

(四)违反本法或者其他法律、行政法规需要遣送出境的。

其他境外人员有前款所列情形之一的,可以依法遣送出境。

被遣送出境的人员,自被遣送出境之日起一至五年内不准入境。

第八十一条　[限期出境和驱逐出境] 外国人从事与停留居留事由不相符的活动,或者有其他违反中国法律、法规规定,不适宜在中国境内继续停留居留情形的,可以处限期出境。

外国人违反本法规定,情节严重,尚不构成犯罪的,公安部可以处驱逐出境。公安部的处罚决定为最终决定。

被驱逐出境的外国人,自被驱逐出境之日起十年内不准入境。

(三)外国人的居留

《出境入境管理法》

第三十九条　[外国人住宿、居住登记] 外国人在中国境内旅馆住宿的,旅馆应当按照旅馆业治安管理的有关规定为其办理住宿登记,并向所在地公安机关报送外国人住宿登记信息。

外国人在旅馆以外的其他住所居住或者住宿的,应当在入住后二十四小时内由本人或者留宿人,向居住地的公安机关办理登记。

第四十条　[外国人出生、死亡有关登记、申报手续] 在中国境内出生的外国婴儿,其父母或者代理人应当在婴儿出生六十日内,持该婴儿的出生证明到父母停留居留地县级以上地方人民政府公安机关出入境管理机构为其办理停留或者居留登记。

外国人在中国境内死亡的,其家属、监护人或者代理人,应当按照规定,持该外国人的死亡证明向县级以上地方人民政府公安机关出入境管理机构申报,注销外国人停留居留证件。

第四十一条 [外国人在中国境内工作管理]外国人在中国境内工作,应当按照规定取得工作许可和工作类居留证件。任何单位和个人不得聘用未取得工作许可和工作类居留证件的外国人。

外国人在中国境内工作管理办法由国务院规定。

第四十二条 [外国人在中国境内工作指导目录和外国留学生勤工助学管理制度]国务院人力资源社会保障主管部门、外国专家主管部门会同国务院有关部门根据经济社会发展需要和人力资源供求状况制定并定期调整外国人在中国境内工作指导目录。

国务院教育主管部门会同国务院有关部门建立外国留学生勤工助学管理制度,对外国留学生勤工助学的岗位范围和时限作出规定。

第四十三条 [非法就业]外国人有下列行为之一的,属于非法就业:

(一)未按照规定取得工作许可和工作类居留证件在中国境内工作的;

(二)超出工作许可限定范围在中国境内工作的;

(三)外国留学生违反勤工助学管理规定,超出规定的岗位范围或者时限在中国境内工作的。

第四十四条 [外国人在中国境内活动区域]根据维护国家安全、公共安全的需要,公安机关、国家安全机关可以限制外国人、外国机构在某些地区设立居住或者办公场所;对已经设立的,可以限期迁离。

未经批准,外国人不得进入限制外国人进入的区域。

考点25 引渡

(一)向中华人民共和国请求引渡

(1)引渡的条件

《引渡法》

第七条 [准予引渡的条件]外国向中华人民共和国提出的引渡请求必须同时符合下列条件,才能准予引渡:

(一)引渡请求所指的行为,依照中华人民共和国法律和请求国法律均构成犯罪;

(二)为了提起刑事诉讼而请求引渡的,根据中华人民共和国法律和请求国法律,对于引渡请求所指的犯罪均可判处一年以上有期徒刑或者其他更重的刑罚;为了执行刑罚而请求引渡的,在提出引渡请求时,被请求引渡人尚未服完的刑期至少为六个月。

对于引渡请求中符合前款第一项规定的多种犯罪,只要其中有一种犯罪符合前款第二项的规定,就可以对上述各种犯罪准予引渡。

第八条 [应当拒绝引渡的情形]外国向中华人民共和国提出的引渡请求,有下列情形之一的,应当拒绝引渡:

(一)根据中华人民共和国法律,被请求引渡人具有中华人民共和国国籍的;

(二)在收到引渡请求时,中华人民共和国的司法机关对于引渡请求所指的犯罪已经作出生效判决,或者已经终止刑事诉讼程序的;

(三)因政治犯罪而请求引渡的,或者中华人民共和国已经给予被请求引渡人受庇护权利的;

(四)被请求引渡人可能因其种族、宗教、国籍、性别、政治见解或者身份等方面的原因而被提起刑事诉讼或者执行刑罚,或者被请求引渡人在司法程序中可能由于上述原因受到不公正待遇的;

(五)根据中华人民共和国或者请求国法律,引渡请求所指的犯罪纯属军事犯罪的;

(六)根据中华人民共和国或者请求国法律,在收到引渡请求时,由于犯罪已过追诉时效期限或者被请求引渡人已被赦免等原因,不应当追究被请求引渡人的刑事责任的;

(七)被请求引渡人在请求国曾经遭受或者可能遭受酷刑或者其他残忍、不人道或者有辱人格的待遇或者处罚的;

(八)请求国根据缺席判决提出引渡请求的。但请求国承诺在引渡后对被请求引渡人给予在其出庭的情况下进行重新审判机会的除外。

第九条 [可以拒绝引渡的情形]外国向中华人民共和国提出的引渡请求,有下列情形之一的,可以拒绝引渡:

(一)中华人民共和国对于引渡请求所指的犯罪具有刑事管辖权,并且对被请求引渡人正在进行刑事诉讼或者准备提起刑事诉讼的;

(二)由于被请求引渡人的年龄、健康等原因,根据人道主义原则不宜引渡的。

(2)引渡的程序

《引渡法》

第四条 [联系机关]中华人民共和国和外国之间的引渡,通过外交途径联系。中华人民共和国外交部为指定的进行引渡的联系机关。

引渡条约对联系机关有特别规定的,依照条约规定。

第十条 [引渡请求的提出]请求国的引渡请求应当向中华人民共和国外交部提出。

第十五条 [互惠承诺]在没有引渡条约的情况下,请求国应当作出互惠的承诺。

第十六条 [对引渡请求的审查]外交部收到请求国提出的引渡请求后,应当对引渡请求书及其所附文件、材料是否符合本法第二章第二节和引渡条约的规定进行审查。

最高人民法院指定的高级人民法院对请求国提出的引渡请求是否符合本法和引渡条约关于引渡条件等规定进行审查并作出裁定。最高人民法院对高级人民法院作出的裁定进行复核。

第十七条 [引渡顺序]对于两个以上国家就同一行为或者不同行为请求引渡同一人的,应当综合考虑中华人民共和国收到引渡请求的先后、中华人民共和国与请求国是否存在引渡条约关系等因素,确定接受引渡请求的优先顺序。

第二十二条 [审判机关的审查]高级人民法院根据

本法和引渡条约关于引渡条件等有关规定,对请求国的引渡请求进行审查,由审判员三人组成合议庭进行。

(二)向外国请求引渡

《引渡法》

第四十七条 [请求外国准予引渡或引渡过境的程序]请求外国准予引渡或者引渡过境的,应当由负责办理有关案件的省、自治区或者直辖市的审判、检察、公安、国家安全或者监狱管理机关分别向最高人民法院、最高人民检察院、公安部、国家安全部、司法部提出意见书,并附有关文件和材料及其经证明无误的译文。最高人民法院、最高人民检察院、公安部、国家安全部、司法部分别会同外交部审核同意后,通过外交部向外国提出请求。

第四十八条 [先行采取强制措施]在紧急情况下,可以在向外国正式提出引渡请求前,通过外交途径或者被请求国同意的其他途径,请求外国对有关人员先行采取强制措施。

第五十条 [承诺]被请求国就准予引渡附加条件的,对于不损害中华人民共和国主权、国家利益、公共利益的,可以由外交部代表中华人民共和国政府向被请求国作出承诺。对于限制追诉的承诺,由最高人民检察院决定;对于量刑的承诺,由最高人民法院决定。

在对被引渡人追究刑事责任时,司法机关应当受所作出的承诺的约束。

专题六 条约法

考点32 条约的缔结程序和方式

《缔结条约程序法》

第六条 [谈判和签署条约、协定的代表委派程序]谈判和签署条约、协定的代表按照下列程序委派:

(一)以中华人民共和国名义或者中华人民共和国政府名义缔结条约、协定,由外交部或者国务院有关部门报请国务院委派代表。代表的全权证书由国务院总理签署,也可以由外交部长签署;

(二)以中华人民共和国政府部门名义缔结协定,由部门首长委派代表。代表的授权证书由部门首长签署。部门首长签署以本部门名义缔结的协定,各方约定出具全权证书的,全权证书由国务院总理签署,也可以由外交部长签署。

下列人员谈判、签署条约、协定,无须出具全权证书:

(一)国务院总理、外交部长;

(二)谈判、签署与驻在国缔结条约、协定的中华人民共和国驻该国使馆馆长,但是各方另有约定的除外;

(三)谈判、签署以本部门名义缔结协定的中华人民共和国政府部门首长,但是各方另有约定的除外;

(四)中华人民共和国派往国际会议或者派驻国际组织,并在该会议或者该组织内参加条约、协定谈判的代表,但是该会议另有约定或者该组织章程另有规定的除外。

第七条 [条约和重要协定的批准]条约和重要协定的批准由全国人民代表大会常务委员会决定。

前款规定的条约和重要协定是指:

(一)友好合作条约、和平条约等政治性条约;

(二)有关领土和划定边界的条约、协定;

(三)有关司法协助、引渡的条约、协定;

(四)同中华人民共和国法律有不同规定的条约、协定;

(五)缔约各方议定须经批准的条约、协定;

(六)其他须经批准的条约、协定。

条约和重要协定签署后,由外交部或者国务院有关部门会同外交部,报请国务院审核;由国务院提请全国人民代表大会常务委员会决定批准;中华人民共和国主席根据全国人民代表大会常务委员会的决定予以批准。

双边条约和重要协定经批准后,由外交部办理与缔约另一方互换批准书的手续;多边条约和重要协定经批准后,由外交部办理向条约、协定的保存国或者国际组织交存批准书的手续。批准书由中华人民共和国主席签署,外交部长副署。

第十一条 [加入多边条约和协定的程序]加入多边条约和协定,分别由全国人民代表大会常务委员会或者国务院决定。

加入多边条约和协定的程序如下:

(一)加入属于本法第七条第二款所列范围的多边条约和重要协定,由外交部或者国务院有关部门会同外交部审查后,提出建议,报请国务院审核;由国务院提请全国人民代表大会常务委员会作出加入的决定。加入书由外交部长签署,具体手续由外交部办理;

(二)加入不属于本法第七条第二款所列范围的多边条约、协定,由外交部或者国务院有关部门会同外交部审查后,提出建议,报请国务院作出加入的决定。加入书由外交部长签署,具体手续由外交部办理。

第十二条 [接受多边条约和协定]接受多边条约和协定,由国务院决定。

经中国代表签署的或者无须签署的载有接受条款的多边条约、协定,由外交部或者国务院有关部门会同外交部审查后,提出建议,报请国务院作出接受的决定。接受书由外交部长签署,具体手续由外交部办理。

第十五条 [公布办法]经全国人民代表大会常务委员会决定批准或者加入的条约和重要协定,由全国人民代表大会常务委员会公报公布。其他条约、协定的公布办法由国务院规定。

第十七条 [条约的登记]中华人民共和国缔结的条约和协定由外交部按照联合国宪章的有关规定向联合国秘书处登记。

中华人民共和国缔结的条约和协定需要向其他国际组织登记的,由外交部或者国务院有关部门按照该国际组织章程的规定办理。

国际私法 [考点法条]

专题九 国际私法概述

考点42 国际私法的渊源和调整对象

《法律适用法解释(一)》

第一条 民事关系具有下列情形之一的,人民法院可以认定为涉外民事关系:

(一)当事人一方或双方是外国公民、外国法人或者其他组织、无国籍人;

(二)当事人一方或双方的经常居所地在中华人民共和国领域外;

(三)标的物在中华人民共和国领域外;

(四)产生、变更或者消灭民事关系的法律事实发生在中华人民共和国领域外;

(五)可以认定为涉外民事关系的其他情形。

专题十 国际私法的主体

考点43 自然人经常居所地的确定

《法律适用法解释(一)》

第十三条 [经常居所的认定]自然人在涉外民事关系产生或者变更、终止时已经连续居住一年以上且作为其生活中心的地方,人民法院可以认定为涉外民事关系法律适用法规定的自然人的经常居所地,但就医、劳务派遣、公务等情形除外。

专题十一 冲突规范和准据法

考点45 准据法的确定

《涉外民事关系法律适用法》

第六条 [区际法律冲突、多法域国家准据法的确定]涉外民事关系适用外国法律,该国不同区域实施不同法律的,适用与该涉外民事关系有最密切联系区域的法律。

专题十二 适用冲突规范的制度

考点46 定性(识别)

《涉外民事关系法律适用法》

第八条 [定性]涉外民事关系的定性,适用法院地法律。

《法律适用法解释(一)》

第十一条 案件涉及两个或者两个以上的涉外民事关系时,人民法院应当分别确定应当适用的法律。

考点47 反致

《涉外民事关系法律适用法》

第九条 [不承认反致]涉外民事关系适用的外国法律,不包括该国的法律适用法。

考点48 外国法的查明

(一)查明主体与途径

《涉外民事关系法律适用法》

第十条第一款 [外国法查明]涉外民事关系适用的外国法律,由人民法院、仲裁机构或者行政机关查明。当事人选择适用外国法律的,应当提供该国法律。

《法律适用法解释(二)》

第一条 人民法院审理涉外民商事案件适用外国法律的,应当根据涉外民事关系法律适用法第十条第一款的规定查明该国法律。

当事人选择适用外国法律的,应当提供该国法律。

当事人未选择适用外国法律的,由人民法院查明该国法律。

第二条 人民法院可以通过下列途径查明外国法律:

(一)由当事人提供;

(二)通过司法协助渠道由对方的中央机关或者主管机关提供;

(三)通过最高人民法院请求我国驻该国使领馆或者该国驻我国使领馆提供;

(四)由最高人民法院建立或者参与的法律查明合作机制参与方提供;

(五)由最高人民法院国际商事专家委员会专家提供;

(六)由法律查明服务机构或者中外法律专家提供;

(七)其他适当途径。

人民法院通过前款规定的其中一项途径无法获得外国法律或者获得的外国法律内容不明确、不充分的,应当通过该款规定的不同途径补充查明。

人民法院依据本条第一款第一项的规定要求当事人协助提供外国法律的,不得仅以当事人未予协助提供为由认定外国法律不能查明。

第三条 当事人提供外国法律的,应当提交该国法律的具体规定并说明获得途径、效力情况、与案件争议的关联性等。外国法律为判例法的,还应当提交判例全文。

第四条 法律查明服务机构、法律专家提供外国法律的,除提交本解释第三条规定的材料外,还应当提交法律查明服务机构的资质证明、法律专家的身份及资历证明,并附与案件无利害关系的书面声明。

第五条 查明的外国法律的相关材料均应当在法庭

上出示。人民法院应当听取各方当事人对外国法律的内容及其理解与适用的意见。

第六条 人民法院可以召集庭前会议或者以其他适当方式，确定需要查明的外国法律的范围。

第七条 人民法院认为有必要的，可以通知提供外国法律的法律查明服务机构或者法律专家出庭接受询问。当事人申请法律查明服务机构或者法律专家出庭，人民法院认为有必要的，可以准许。

法律查明服务机构或者法律专家现场出庭确有困难的，可以在线接受询问，但法律查明服务机构或者法律专家所在国法律对跨国在线参与庭审有禁止性规定的除外。

出庭的法律查明服务机构或者法律专家只围绕外国法律及其理解发表意见，不参与其他法庭审理活动。

(二)无法查明时的法律适用
《涉外民事关系法律适用法》

第十条第二款 ［外国法查明］不能查明外国法律或者该国法律没有规定的，适用中华人民共和国法律。

(三)"无法查明"的认定
《法律适用法解释(一)》

第十五条 人民法院通过由当事人提供、已对中华人民共和国生效的国际条约规定的途径、中外法律专家提供等合理途径仍不能获得外国法律的，可以认定为不能查明外国法律。

根据涉外民事关系法律适用法第十条第一款的规定，当事人应当提供外国法律，其在人民法院指定的合理期限内无正当理由未提供该外国法律的，可以认定为不能查明外国法律。

《法律适用法解释(二)》

第九条第二款 当事人选择适用外国法律，其在人民法院确定的期限内无正当理由未提供该外国法律的，人民法院可以认定为不能查明外国法律。

第十条 人民法院依法适用外国法律审理案件，应当在裁判文书中载明外国法律的查明过程及外国法律的内容；人民法院认定外国法律不能查明的，应当载明不能查明的理由。

(四)对外国法适用异议的审查认定
《法律适用法解释(一)》

第十六条 人民法院应当听取各方当事人对应当适用的外国法律的内容及其理解与适用的意见，当事人对该外国法律的内容及其理解与适用均无异议的，人民法院可以予以确认；当事人有异议的，由人民法院审查认定。

《法律适用法解释(二)》

第八条 人民法院对外国法律的内容及其理解与适用，根据以下情形分别作出处理：

（一）当事人对外国法律的内容及其理解与适用均无异议的，人民法院可以予以确认；

（二）当事人对外国法律的内容及其理解与适用有异议的，应当说明理由。人民法院认为有必要的，可以补充查明或者要求当事人补充提供材料。经过补充查明或者补充提供材料，当事人仍有异议的，由人民法院审查认定；

（三）外国法律的内容已为人民法院生效裁判所认定的，人民法院应当予以确认，但有相反证据足以推翻的除外。

考点49 法律规避
《法律适用法解释(一)》

第九条 ［规避中国强制性法无效］一方当事人故意制造涉外民事关系的连结点，规避中华人民共和国法律、行政法规的强制性规定的，人民法院应认定为不发生适用外国法律的效力。

考点50 公共秩序保留与直接适用的法

(一)公共秩序保留
《涉外民事关系法律适用法》

第五条 ［公共秩序保留］外国法律的适用将损害中华人民共和国社会公共利益的，适用中华人民共和国法律。

《法律适用法解释(一)》

第七条 ［当事人可选择未对中国生效的公约］当事人在合同中援引尚未对中华人民共和国生效的国际条约的，人民法院可以根据该国际条约的内容确定当事人之间的权利义务，但违反中华人民共和国社会公共利益或中华人民共和国法律、行政法规强制性规定的除外。

(二)直接适用的法
《涉外民事关系法律适用法》

第四条 ［强制适用、直接适用］中华人民共和国法律对涉外民事关系有强制性规定的，直接适用该强制性规定。

《法律适用法解释(一)》

第八条 有下列情形之一，涉及中华人民共和国社会公共利益、当事人不能通过约定排除适用、无需通过冲突规范指引而直接适用于涉外民事关系的法律、行政法规的规定，人民法院应当认定为涉外民事关系法律适用法第四条规定的强制性规定：

（一）涉及劳动者权益保护的；
（二）涉及食品或公共卫生安全的；
（三）涉及环境安全的；
（四）涉及外汇管制等金融安全的；
（五）涉及反垄断、反倾销的；
（六）应当认定为强制性规定的其他情形。

专题十三 国际民商事关系的法律适用

考点51 意思自治原则在法律适用中的运用
《涉外民事关系法律适用法》

第三条 ［意思自治、明示选择］当事人依照法律规定可以明示选择涉外民事关系适用的法律。

《法律适用法解释(一)》

第四条 中华人民共和国法律没有明确规定当事人

可以选择涉外民事关系适用的法律,当事人选择适用法律的,人民法院应认定该选择无效。

第五条 一方当事人以双方协议选择的法律与系争的涉外民事关系没有实际联系为由主张选择无效的,人民法院不予支持。

第六条 当事人在一审法庭辩论终结前协议选择或者变更选择适用的法律的,人民法院应予准许。

各方当事人援引相同国家的法律且未提出法律适用异议的,人民法院可以认定当事人已经就涉外民事关系适用的法律做出了选择。

考点52 自然人权利能力和行为能力的法律适用

《涉外民事关系法律适用法》

第十二条 [民事行为能力]自然人的民事行为能力,适用经常居所地法律。

自然人从事民事活动,依照经常居所地法律为无民事行为能力,依照行为地法律为有民事行为能力的,适用行为地法律,但涉及婚姻家庭、继承的除外。

第二十条 [经常居所地冲突的解决]依照本法适用经常居所地法律,自然人经常居所地不明的,适用其现在居所地法律。

《法律适用法解释(一)》

第十三条 [经常居所的认定]自然人在涉外民事关系产生或者变更、终止时已经连续居住一年以上且作为其生活中心的地方,人民法院可以认定为涉外民事关系法律适用法规定的自然人的经常居所地,但就医、劳务派遣、公务等情形除外。

考点53 宣告失踪和宣告死亡的法律适用

《涉外民事关系法律适用法》

第十三条 [宣告失踪与死亡的法律适用]宣告失踪或者宣告死亡,适用自然人经常居所地法律。

考点54 法人权利能力和行为能力的法律适用

《涉外民事关系法律适用法》

第十四条 [法人相关事项的法律适用]法人及其分支机构的民事权利能力、民事行为能力、组织机构、股东权利义务等事项,适用登记地法律。

法人的主营业地与登记地不一致的,可以适用主营业地法律。法人的经常居所地,为其主营业地。

《公司法》

第八条 公司以其主要办事机构所在地为住所。

《法律适用法解释(一)》

第十四条 人民法院应当将法人的设立登记地认定为涉外民事关系法律适用法规定的法人的登记地。

考点55 时效的法律适用

《涉外民事关系法律适用法》

第七条 [诉讼时效]诉讼时效,适用相关涉外民事关系应当适用的法律。

考点56 信托的法律适用

《涉外民事关系法律适用法》

第十七条 [信托的法律适用]当事人可以协议选择信托适用的法律。当事人没有选择的,适用信托财产所在地法律或者信托关系发生地法律。

考点57 仲裁协议的法律适用

《涉外民事关系法律适用法》

第十八条 [仲裁协议的法律适用]当事人可以协议选择仲裁协议适用的法律。当事人没有选择的,适用仲裁机构所在地法律或者仲裁地法律。

《法律适用法解释(一)》

第十二条 当事人没有选择涉外仲裁协议适用的法律,也没有约定仲裁机构或者仲裁地,或者约定不明的,人民法院可以适用中华人民共和国法律认定该仲裁协议的效力。

考点58 物权的法律适用

(一)不动产物权的法律适用

《涉外民事关系法律适用法》

第三十六条 [不动产物权的法律适用]不动产物权,适用不动产所在地法律。

(二)动产物权的法律适用

《涉外民事关系法律适用法》

第三十七条 [动产物权的法律适用]当事人可以协议选择动产物权适用的法律。当事人没有选择的,适用法律事实发生时动产所在地法律。

第三十八条 [运输中动产物权的法律适用]当事人可以协议选择运输中动产物权发生变更适用的法律。当事人没有选择的,适用运输目的地法律。

《海商法》

第二百七十条 [所有权的法律适用]船舶所有权的取得、转让和消灭,适用船旗国法律。

第二百七十一条 [抵押权的法律适用]船舶抵押权适用船旗国法律。

船舶在光船租赁以前或者光船租赁期间,设立船舶抵押权的,适用原船舶登记国的法律。

第二百七十二条 [优先权的法律适用]船舶优先权,适用受理案件的法院所在地法律。

《民用航空法》

第一百八十五条 民用航空器所有权的取得、转让和消灭,适用民用航空器国籍登记国法律。

第一百八十六条 民用航空器抵押权适用民用航空器国籍登记国法律。

第一百八十七条 民用航空器优先权适用受理案件的法院所在地法律。

(三)有价证券的法律适用

《涉外民事关系法律适用法》

第三十九条 [有价证券的法律适用]有价证券,适用有价证券权利实现地法律或者其他与该有价证券有最密切联系的法律。

(四)权利质权的法律适用

《涉外民事关系法律适用法》

第四十条 [权利质权的法律适用]权利质权,适用质权设立地法律。

考点59 合同之债的法律适用
《涉外民事关系法律适用法》

第四十一条 ［涉外合同的法律适用］当事人可以协议选择合同适用的法律。当事人没有选择的，适用履行义务最能体现该合同特征的一方当事人经常居所地法律或者其他与该合同有最密切联系的法律。

第四十二条 ［消费者合同的法律适用］消费者合同，适用消费者经常居所地法律；消费者选择适用商品、服务提供地法律或者经营者在消费者经常居所地没有从事相关经营活动的，适用商品、服务提供地法律。

第四十三条 ［劳动合同的法律适用］劳动合同，适用劳动者工作地法律；难以确定劳动者工作地的，适用用人单位主营业地法律。劳务派遣，可以适用劳务派出地法律。

《民法典》

第四百六十七条 ［非典型合同及特定涉外合同的法律适用］本法或者其他法律没有明文规定的合同，适用本编通则的规定，并可以参照适用本编或者其他法律最相类似合同的规定。

在中华人民共和国境内履行的中外合资经营企业合同、中外合作经营企业合同、中外合作勘探开发自然资源合同，适用中华人民共和国法律。

《海商法》

第二百六十九条 ［法律适用的约定］合同当事人可以选择合同适用的法律，法律另有规定的除外。合同当事人没有选择的，适用与合同有最密切联系的国家的法律。

考点60 侵权之债的法律适用
《涉外民事关系法律适用法》

第四十四条 ［侵权行为的法律适用］侵权责任，适用侵权行为地法律，但当事人有共同经常居所地的，适用共同经常居所地法律。侵权行为发生后，当事人协议选择适用法律的，按其协议。

第四十五条 ［产品责任法律适用］产品责任，适用被侵权人经常居所地法律；被侵权人选择适用侵权人主营业地法律、损害发生地法律的，或者侵权人在被侵权人经常居所地没有从事相关经营活动的，适用侵权人主营业地法律或者损害发生地法律。

第四十六条 ［侵害人格权］通过网络或者采用其他方式侵害姓名权、肖像权、名誉权、隐私权等人格权的，适用被侵权人经常居所地法律。

《海商法》

第二百七十三条 ［船舶碰撞的法律适用］船舶碰撞的损害赔偿，适用侵权行为地法律。

船舶在公海上发生碰撞的损害赔偿，适用受理案件的法院所在地法律。

同一国籍的船舶，不论碰撞发生于何地，碰撞船舶之间的损害赔偿适用船旗国法律。

第二百七十四条 ［共同海损的法律适用］共同海损理算，适用理算地法律。

第二百七十五条 ［赔偿责任限制的法律适用］海事赔偿责任限制，适用受理案件的法院所在地法律。

考点61 不当得利、无因管理的法律适用
《涉外民事关系法律适用法》

第四十七条 ［不当得利、无因管理的法律适用］不当得利、无因管理，适用当事人协议选择适用的法律。当事人没有选择的，适用当事人共同经常居所地法律；没有共同经常居所地的，适用不当得利、无因管理发生地法律。

考点62 商事关系的法律适用
《票据法》

第九十六条 ［票据行为能力的准据法］票据债务人的民事行为能力，适用其本国法律。

票据债务人的民事行为能力，依其本国法律为无民事行为能力或者为限制民事行为能力而依照行为地法律为完全民事行为能力的，适用行为地法律。

第九十七条 ［票据形式的准据法］汇票、本票出票时的记载事项，适用出票地法律。

支票出票时的记载事项，适用出票地法律，经当事人协议，也可以适用付款地法律。

第九十八条 ［票据行为的准据法］票据的背书、承兑、付款和保证行为，适用行为地法律。

第九十九条 ［票据追索权行使期限的准据法］票据追索权的行使期限，适用出票地法律。

第一百条 ［票据提示期限的准据法］票据的提示期限、有关拒绝证明的方式、出具拒绝证明的期限，适用付款地法律。

第一百零一条 ［票据权利保全的准据法］票据丧失时，失票人请求保全票据权利的程序，适用付款地法律。

考点63 知识产权的法律适用
《涉外民事关系法律适用法》

第四十八条 ［知识产权归属和内容］知识产权的归属和内容，适用被请求保护地法律。

第四十九条 ［知识产权转让与许可的法律适用］当事人可以协议选择知识产权转让和许可使用适用的法律。当事人没有选择的，适用本法对合同的有关规定。

第五十条 ［知识产权侵权责任的法律适用］知识产权的侵权责任，适用被请求保护地法律，当事人也可以在侵权行为发生后协议选择适用法院地法律。

考点64 婚姻与夫妻关系的法律适用
(一)结婚的法律适用
《涉外民事关系法律适用法》

第二十一条 ［结婚条件］结婚条件，适用当事人共同经常居所地法律；没有共同经常居所地的，适用共同国籍国法律；没有共同国籍，在一方当事人经常居所地或者国籍国缔结婚姻的，适用婚姻缔结地法律。

第二十二条 ［涉外结婚手续］结婚手续，符合婚姻缔结地法律、一方当事人经常居所地法律或者国籍国法律的，均为有效。

（二）夫妻、子女人身财产关系的法律适用

《涉外民事关系法律适用法》

第二十三条 [夫妻人身关系法律适用]夫妻人身关系,适用共同经常居所地法律;没有共同经常居所地的,适用共同国籍国法律。

第二十四条 [夫妻财产关系法律适用]夫妻财产关系,当事人可以协议选择适用一方当事人经常居所地法律、国籍国法律或者主要财产所在地法律。当事人没有选择的,适用共同经常居所地法律;没有共同经常居所地的,适用共同国籍国法律。

第二十五条 [父母子女人身、财产关系法律适用]父母子女人身、财产关系,适用共同经常居所地法律;没有共同经常居所地的,适用一方当事人经常居所地法律或者国籍国法律中有利于保护弱者权益的法律。

（三）离婚的法律适用

《涉外民事关系法律适用法》

第二十六条 [协议离婚法律适用]协议离婚,当事人可以协议选择适用一方当事人经常居所地法律或者国籍国法律。当事人没有选择的,适用共同经常居所地法律;没有共同经常居所地的,适用共同国籍国法律;没有国籍的,适用办理离婚手续机构所在地法律。

第二十七条 [诉讼离婚法律适用]诉讼离婚,适用法院地法律。

考点65 监护关系的法律适用

第三十条 [涉外监护的法律适用]监护,适用一方当事人经常居所地法律或者国籍国法律中有利于保护被监护人权益的法律。

考点66 收养关系的法律适用

《涉外民事关系法律适用法》

第二十八条 [涉外收养关系的法律适用]收养的条件和手续,适用收养人和被收养人经常居所地法律。收养的效力,适用收养时收养人经常居所地法律。收养关系的解除,适用收养时被收养人经常居所地法律或者法院地法律。

《外国人在中华人民共和国收养子女登记办法》

第三条 [重叠适用]外国人在华收养子女,应当符合中国有关收养法律的规定,并应当符合收养人所在国有关收养的规定;因收养人所在国法律的规定与中国法律的规定不一致而产生的问题,由两国政府有关部门协商处理。

考点67 继承的法律适用

《涉外民事关系法律适用法》

第三十一条 [涉外法定继承的法律适用]法定继承,适用被继承人死亡时经常居所地法律,但不动产法定继承,适用不动产所在地法律。

第三十二条 [涉外遗嘱方式的法律适用]遗嘱方式,符合遗嘱人立遗嘱时或者死亡时经常居所地法律、国籍国法律或者遗嘱行为地法律的,遗嘱均为成立。

第三十三条 [涉外遗嘱效力的法律适用]遗嘱效力,适用遗嘱人立遗嘱时或者死亡时经常居所地法律或者国籍国法律。

第三十四条 [涉外遗产管理的法律适用]遗产管理等事项,适用遗产所在地法律。

第三十五条 [无人继承遗产的法律适用]无人继承遗产的归属,适用被继承人死亡时遗产所在地法律。

专题十四 国际民商事争议的解决

考点68 涉外仲裁协议

（一）认定机构和申请认定的时间

（1）认定机构

《仲裁法》

第十九条第二款 [合同的变更、解除、终止或者无效对仲裁协议效力的影响]仲裁庭有权确认合同的效力。

第二十条第一款 [对仲裁协议的异议]当事人对仲裁协议的效力有异议的,可以请求仲裁委员会作出决定或者请求人民法院作出裁定。一方请求仲裁委员会作出决定,另一方请求人民法院作出裁定的,由人民法院裁定。

《最高人民法院关于审理仲裁司法审查案件若干问题的规定》

第二条 申请确认仲裁协议效力的案件,由仲裁协议约定的仲裁机构所在地、仲裁协议签订地、申请人住所地、被申请人住所地的中级人民法院或者专门人民法院管辖。

涉及海事海商纠纷仲裁协议效力的案件,由仲裁协议约定的仲裁机构所在地、仲裁协议签订地、申请人住所地、被申请人住所地的海事法院管辖;上述地点没有海事法院的,由就近的海事法院管辖。

（2）申请认定的时间

《仲裁法》

第二十条第二款 [对仲裁协议的异议]当事人对仲裁协议的效力有异议,应当在仲裁庭首次开庭前提出。

（二）法律适用

《涉外民事关系法律适用法》

第十八条 [仲裁协议的法律适用]当事人可以协议选择仲裁协议适用的法律。当事人没有选择的,适用仲裁机构所在地法律或者仲裁地法律。

《法律适用法解释（一）》

第十二条 [仲裁的法律适用]当事人没有选择涉外仲裁协议适用的法律,也没有约定仲裁机构或者仲裁地,或者约定不明的,人民法院可以适用中华人民共和国法律认定该仲裁协议的效力。

《最高人民法院关于审理仲裁司法审查案件若干问题的规定》

第十三条 当事人协议选择确认涉外仲裁协议适用的法律,应当作出明确的意思表示,仅约定合同适用的法律,不能作为确认合同中仲裁条款效力适用的法律。

第十四条 人民法院根据《中华人民共和国涉外民事关系法律适用法》第十八条的规定,确定确认涉外仲裁协议效力的法律时,当事人没有选择适用的法律,适

用仲裁机构所在地的法律与适用仲裁地的法律将对仲裁协议的效力作出不同认定的,人民法院应当适用确认仲裁协议有效的法律。

《最高人民法院关于仲裁司法审查案件报核问题的有关规定》

第二条第一款　各中级人民法院或者专门人民法院办理涉外涉港澳台仲裁司法审查案件,经审查拟认定仲裁协议无效,不予执行或者撤销我国内地仲裁机构的仲裁裁决,不予认可和执行香港特别行政区、澳门特别行政区、台湾地区仲裁裁决,不予承认和执行外国仲裁裁决,应当向本辖区所属高级人民法院报核;高级人民法院经审查拟同意的,应当向最高人民法院报核。待最高人民法院审核后,方可依最高人民法院的审核意见作出裁定。

考点69 涉外仲裁程序

(一)涉外仲裁中的财产保全和证据保全

《仲裁法》

第二十八条　[财产保全]一方当事人因另一方当事人的行为或者其他原因,可能使裁决不能执行或者难以执行的,可以申请财产保全。

当事人申请财产保全的,仲裁委员会应当将当事人的申请依照民事诉讼法的有关规定提交人民法院。

申请有错误的,申请人应当赔偿被申请人因财产保全所遭受的损失。

第六十八条　[涉外仲裁的证据保全]涉外仲裁的当事人申请证据保全的,涉外仲裁委员会应当将当事人的申请提交证据所在地的中级人民法院。

《民事诉讼法》

第二百八十九条　[仲裁程序中的保全]当事人申请采取保全的,中华人民共和国的涉外仲裁机构应当将当事人的申请,提交被申请人住所地或者财产所在地的中级人民法院裁定。

《民诉解释》

第五百四十条　依照民事诉讼法第二百七十九条(现为第二百八十九条)规定,中华人民共和国涉外仲裁机构将当事人的保全申请提交人民法院裁定的,人民法院可以进行审查,裁定是否进行保全。裁定保全的,应当责令申请人提供担保,申请人不提供担保的,裁定驳回申请。

当事人申请证据保全,人民法院经审查认为无需提供担保的,申请人可以不提供担保。

(二)涉外仲裁裁决的执行

《民事诉讼法》

第二百九十条　[仲裁裁决的执行]经中华人民共和国涉外仲裁机构裁决的,当事人不得向人民法院起诉。一方当事人不履行仲裁裁决的,对方当事人可以向被申请人住所地或者财产所在地的中级人民法院申请执行。

第二百九十七条第二款　[申请外国承认和执行]在中华人民共和国领域内依法作出的发生法律效力的仲裁裁决,当事人请求执行的,如果被执行人或者其财产不在中华人民共和国领域内,当事人可以直接向有管辖权的外国法院申请承认和执行。

《仲裁法》

第七十二条　[涉外仲裁裁决的执行]涉外仲裁委员会作出的发生法律效力的仲裁裁决,当事人请求执行的,如果被执行人或者其财产不在中华人民共和国领域内,应当由当事人直接向有管辖权的外国法院申请承认和执行。

(三)涉外仲裁裁决的撤销和不予执行

《仲裁法》

第七十条　[涉外仲裁裁决的撤销]当事人提出证据证明涉外仲裁裁决有民事诉讼法第二百五十八条(现为第二百九十一条)第一款规定的情形之一的,经人民法院组成合议庭审查核实,裁定撤销。

第七十一条　[涉外仲裁裁决的不予执行]被申请人提出证据证明涉外仲裁裁决有民事诉讼法第二百五十八条(现为第二百九十一条)第一款规定的情形之一的,经人民法院组成合议庭审查核实,裁定不予执行。

《民事诉讼法》

第二百九十一条　[仲裁裁决不予执行的情形]对中华人民共和国涉外仲裁机构作出的裁决,被申请人提出证据证明仲裁裁决有下列情形之一的,经人民法院组成合议庭审查核实,裁定不予执行:

(一)当事人在合同中没有订有仲裁条款或者事后没有达成书面仲裁协议的;

(二)被申请人没有得到指定仲裁员或者进行仲裁程序的通知,或者由于不属于被申请人负责的原因未能陈述意见的;

(三)仲裁庭的组成或者仲裁的程序与仲裁规则不符的;

(四)裁决的事项不属于仲裁协议的范围或者仲裁机构无权仲裁的。

人民法院认定执行该裁决违背社会公共利益的,裁定不予执行。

第二百九十二条　[仲裁裁决不予执行的法律后果]仲裁裁决被人民法院裁定不予执行的,当事人可以根据双方达成的书面仲裁协议重新申请仲裁,也可以向人民法院起诉。

考点70 外国仲裁裁决的承认与执行

(一)申请与管辖

《民事诉讼法》

第三百零四条　[外国仲裁裁决的承认和执行]在中华人民共和国领域外作出的发生法律效力的仲裁裁决,需要人民法院承认和执行的,当事人可以直接向被执行人住所地或者其财产所在地的中级人民法院申请。被执行人住所地或者其财产不在中华人民共和国领域内的,当事人可以向申请人住所地或者与裁决的纠纷有适当联系的地点的中级人民法院申请。人民法院应当依照中华人民共和国缔结或者参加的国际条约,或者按照互惠原则办理。

《民诉解释》

第五百四十三条 对临时仲裁庭在中华人民共和国领域外作出的仲裁裁决,一方当事人向人民法院申请承认和执行的,人民法院应当依照民事诉讼法第二百九十条(现为第三百零四条)规定处理。

第五百四十四条 对外国法院作出的发生法律效力的判决、裁定或者外国仲裁裁决,需要中华人民共和国法院执行的,当事人应当先向人民法院申请承认。人民法院经审查,裁定承认后,再根据民事诉讼法第三编的规定予以执行。

当事人仅申请承认而未同时申请执行的,人民法院仅对应否承认进行审查并作出裁定。

《最高人民法院关于审理仲裁司法审查案件若干问题的规定》

第三条 外国仲裁裁决与人民法院审理的案件存在关联,被申请人住所地、被申请人财产所在地均不在我国内地,申请人申请承认外国仲裁裁决的,由受理关联案件的人民法院管辖。受理关联案件的人民法院为基层人民法院的,申请承认外国仲裁裁决的案件应当由该基层人民法院的上一级人民法院管辖。受理关联案件的人民法院是高级人民法院或者最高人民法院的,由上述法院决定自行审查或者指定中级人民法院审查。

外国仲裁裁决与我国内地仲裁机构审理的案件存在关联,被申请人住所地、被申请人财产所在地均不在我国内地,申请人申请承认外国仲裁裁决的,由受理关联案件的仲裁机构所在地的中级人民法院管辖。

(二)当事人申请承认与执行的期间

《民事诉讼法》

第二百五十条 [申请执行期间]申请执行的期间为二年。申请执行时效的中止、中断,适用法律有关诉讼时效中止、中断的规定。

前款规定的期间,从法律文书规定履行期间的最后一日起计算;法律文书规定分期履行的,从最后一期履行期限届满之日起计算;法律文书未规定履行期间的,从法律文书生效之日起计算。

《民诉解释》

第五百四十五条 当事人申请承认和执行外国法院作出的发生法律效力的判决、裁定或者外国仲裁裁决的期间,适用民事诉讼法第二百四十六条(现为第二百五十条)的规定。

当事人仅申请承认而未同时申请执行的,申请执行的期间自人民法院对承认申请作出的裁定生效之日起重新计算。

(三)对外国仲裁裁决的效力审查

《承认及执行外国仲裁裁决公约》

第五条

1. 被请求承认或执行裁决的管辖当局只有在作为裁决执行对象的当事人提出有关下列情况的证明的时候,才可以根据该当事人的要求,拒绝承认和执行该裁决:

(a)第二条所述的协议的双方当事人,根据对他们适用的法律,当时是处于某种无行为能力的情况之下;或者根据双方当事人选定适用的法律,或在没有这种选定的时候,根据作出裁决的国家的法律,上述协议是无效的;或者

(b)作为裁决执行对象的当事人,没有被给予指定仲裁员或者进行仲裁程序的适当通知,或者由于其他情况而不能对案件提出意见;或者

(c)裁决涉及仲裁协议所没有提到的,或者不包括仲裁协议规定之内的争执;或者裁决内含有对仲裁协议范围以外事项的决定;但是,对于仲裁协议范围以内的事项的决定,如果可以和对于仲裁协议范围以外的事项的决定分开,那么,这一部分的决定仍然可予以承认和执行;或者

(d)仲裁庭的组成或仲裁程序同当事人间的协议不符,或者当事人间没有这种协议时,同进行仲裁的国家的法律不符;或者

(e)裁决对当事人还没有约束力,或者裁决已经由作出裁决的国家或据其法律作出裁决的国家的管辖当局撤销或停止执行。

2. 裁决被请求承认和执行的管辖机关如果证查有下列情况,也可以拒绝承认和执行:

(a)争执的事项,依照这个国家的法律,不可以用仲裁方式解决;或者

(b)承认或执行该项裁决将和这个国家的公共秩序相抵触。

《民诉解释》

第五百四十六条 承认和执行外国法院作出的发生法律效力的判决、裁定或者外国仲裁裁决的案件,人民法院应当组成合议庭进行审查。

人民法院应当将申请书送达被申请人。被申请人可以陈述意见。

人民法院经审查作出的裁定,一经送达即发生法律效力。

(四)拒绝承认与执行外国仲裁裁决的内部报告制度

《最高人民法院关于仲裁司法审查案件报核问题的有关规定》

第二条第一款 各中级人民法院或者专门人民法院办理涉外涉港澳台仲裁司法审查案件,经审查拟认定仲裁协议无效,不予执行或者撤销我国内地仲裁机构的仲裁裁决,不予认可和执行香港特别行政区、澳门特别行政区、台湾地区仲裁裁决,不予承认和执行外国仲裁裁决,应当向本辖区所属高级人民法院报核;高级人民法院经审查拟同意的,应当向最高人民法院报核。待最高人民法院审核后,方可依最高人民法院的审核意见作出裁定。

考点71 外国人的民事诉讼地位

(一)以对等为条件的国民待遇原则

《民事诉讼法》

第五条 [同等原则和对等原则]外国人、无国籍人、外国企业和组织在人民法院起诉、应诉,同中华人民共和

国公民、法人和其他组织有同等的诉讼权利义务。

外国法院对中华人民共和国公民、法人和其他组织的民事诉讼权利加以限制的，中华人民共和国人民法院对该国公民、企业和组织的民事诉讼权利，实行对等原则。

(二)司法豁免
《民事诉讼法》

第二百七十二条 [司法豁免原则]对享有外交特权与豁免的外国人、外国组织或者国际组织提起的民事诉讼，应当依照中华人民共和国有关法律和中华人民共和国缔结或者参加的国际条约的规定办理。

(三)外国当事人的身份证明
《民诉解释》

第五百二十一条 外国人参加诉讼，应当向人民法院提交护照等用以证明自己身份的证件。

外国企业或者组织参加诉讼，向人民法院提交的身份证明文件，应当经所在国公证机关公证，并经中华人民共和国驻该国使领馆认证，或者履行中华人民共和国与该所在国订立的有关条约中规定的证明手续。

代表外国企业或者组织参加诉讼的人，应当向人民法院提交其有权作为代表人参加诉讼的证明，该证明应当经所在国公证机关公证，并经中华人民共和国驻该国使领馆认证，或者履行中华人民共和国与该所在国订立的有关条约中规定的证明手续。

本条所称的"所在国"，是指外国企业或者组织的设立登记地国，也可以是办理了营业登记手续的第三国。

(四)对外国当事人委托诉讼代理人的限制
《民事诉讼法》

第二百七十四条 [委托中国律师代理诉讼原则]外国人、无国籍人、外国企业和组织在人民法院起诉、应诉，需要委托律师代理诉讼的，必须委托中华人民共和国的律师。

《民诉解释》

第五百二十六条 涉外民事诉讼中的外籍当事人，可以委托本国人为诉讼代理人，也可以委托本国律师以非律师身份担任诉讼代理人；外国驻华使领馆官员，受本国公民的委托，可以以个人名义担任诉讼代理人，但在诉讼中不享有外交或者领事特权和豁免。

第五百二十七条 涉外民事诉讼中，外国驻华使领馆授权其馆官员，在作为当事人的本国国民不在中华人民共和国领域内的情况下，可以以外交代表身份为本国国民在中华人民共和国聘请中华人民共和国律师或者中华人民共和国公民代理民事诉讼。

(五)对外国人出具授权委托书的手续要求
《民事诉讼法》

第二百七十五条 [委托授权书的公证与认证]在中华人民共和国领域内没有住所的外国人、无国籍人、外国企业和组织委托中华人民共和国律师或者其他人代理诉讼，从中华人民共和国领域外寄交或者托交的授权委托书，应当经所在国公证机关证明，并经中华人民共和国驻该国使领馆认证，或者履行中华人民共和国与该所在国订立的有关条约中规定的证明手续后，才具有效力。

《民诉解释》

第五百二十二条 依照民事诉讼法第二百七十一条(现为第二百七十五条)以及本解释第五百二十一条规定，需要办理公证、认证手续，而外国当事人所在国与中华人民共和国没有建立外交关系的，可以经该国公证机关公证，经与中华人民共和国有外交关系的第三国驻该国使领馆认证，再转由中华人民共和国驻该第三国使领馆认证。

第五百二十三条 外国人、外国企业或者组织的代表人在人民法院法官的见证下签署授权委托书，委托代理人进行民事诉讼的，人民法院应予认可。

第五百二十四条 外国人、外国企业或者组织的代表人在中华人民共和国境内签署授权委托书，委托代理人进行民事诉讼，经中华人民共和国公证机构公证的，人民法院应予认可。

(六)对诉讼语言文字的限制
《民事诉讼法》

第二百七十三条 [使用我国通用语言、文字原则]人民法院审理涉外民事案件，应当使用中华人民共和国通用的语言、文字。当事人要求提供翻译的，可以提供，费用由当事人承担。

《民诉解释》

第五百二十五条 当事人向人民法院提交的书面材料是外文的，应当同时向人民法院提交中文翻译件。

当事人对中文翻译件有异议的，应当共同委托翻译机构提供翻译文本；当事人对翻译机构的选择不能达成一致的，由人民法院确定。

考点72 涉外民商事案件的管辖权

(一)涉外合同和财产权益纠纷的管辖权
《民事诉讼法》

第二十四条 [合同纠纷的地域管辖]因合同纠纷提起的诉讼，由被告住所地或者合同履行地人民法院管辖。

第二百七十六条 [特殊地域管辖]因涉外民事纠纷，对在中华人民共和国领域内没有住所的被告提起除身份关系以外的诉讼，如果合同签订地、合同履行地、诉讼标的物所在地、可供扣押财产所在地、侵权行为地、代表机构住所地位于中华人民共和国领域内的，可以由合同签订地、合同履行地、诉讼标的物所在地、可供扣押财产所在地、侵权行为地、代表机构住所地人民法院管辖。

除前款规定外，涉外民事纠纷与中华人民共和国存在其他适当联系的，可以由人民法院管辖。

(二)协议管辖
《民事诉讼法》

第三十五条 [协议管辖]合同或者其他财产权益纠纷的当事人可以书面协议选择被告住所地、合同履行地、合同签订地、原告住所地、标的物所在地等与争议有实际联系的地点的人民法院管辖，但不得违反本法对级别管辖和专属管辖的规定。

第二百七十七条 [涉外民事纠纷的协议管辖]涉外民事纠纷的当事人书面协议选择人民法院管辖的，可以由人民法院管辖。

《民诉解释》

第五百二十九条　涉外合同或者其他财产权益纠纷的当事人，可以书面协议选择被告住所地、合同履行地、合同签订地、原告住所地、标的物所在地、侵权行为地等与争议有实际联系地点的外国法院管辖。

根据民事诉讼法第三十四条和第二百七十三条(现为第二百七十九条)规定，属于中华人民共和国法院专属管辖的案件，当事人不得协议选择外国法院管辖，但协议选择仲裁的除外。

《海事诉讼特别程序法》

第八条　海事纠纷的当事人都是外国人、无国籍人、外国企业或者组织，当事人书面协议选择中华人民共和国海事法院管辖的，即使与纠纷有实际联系的地点不在中华人民共和国领域内，中华人民共和国海事法院对该纠纷也具有管辖权。

(三)专属管辖

《民事诉讼法》

第三十四条　[专属管辖]下列案件，由本条规定的人民法院专属管辖：

(一)因不动产纠纷提起的诉讼，由不动产所在地人民法院管辖；

(二)因港口作业中发生纠纷提起的诉讼，由港口所在地人民法院管辖；

(三)因继承遗产纠纷提起的诉讼，由被继承人死亡时住所地或者主要遗产所在地人民法院管辖。

第二百七十九条　[专属管辖]下列民事案件，由人民法院专属管辖：

(一)因在中华人民共和国领域内设立的法人或者其他组织的设立、解散、清算，以及该法人或者其他组织作出的决议的效力等纠纷提起的诉讼；

(二)因与在中华人民共和国领域内审查授予的知识产权的有效性有关的纠纷提起的诉讼；

(三)因在中华人民共和国领域内履行中外合资经营企业合同、中外合作经营企业合同、中外合作勘探开发自然资源合同发生纠纷提起的诉讼。

(四)平行诉讼和一事再诉

第二百八十条　[排他性管辖协议]当事人之间的同一纠纷，一方当事人向外国法院起诉，另一方当事人向人民法院起诉，或者一方当事人既向外国法院起诉，又向人民法院起诉，人民法院依照本法有管辖权的，可以受理。当事人订立排他性管辖协议选择外国法院管辖且不违反本法对专属管辖的规定，不涉及中华人民共和国主权、安全或者社会公共利益的，人民法院可以裁定不予受理；已经受理的，裁定驳回起诉。

第二百八十一条　[平行诉讼的处理]人民法院依照前条规定受理案件后，当事人以外国法院已经先于人民法院受理为由，书面申请人民法院中止诉讼的，人民法院可以裁定中止诉讼，但是存在下列情形之一的除外：

(一)当事人协议选择人民法院管辖，或者纠纷属于人民法院专属管辖；

(二)由人民法院审理明显更为方便。

外国法院未采取必要措施审理案件，或者未在合理期限内审结的，依当事人的书面申请，人民法院应当恢复诉讼。

外国法院作出的发生法律效力的判决、裁定，已经被人民法院全部或者部分承认，当事人对已经获得承认的部分又向人民法院起诉的，裁定不予受理；已经受理的，裁定驳回起诉。

(五)不方便法院原则

第二百八十二条　[不方便法院原则]人民法院受理的涉外民事案件，被告提出管辖异议，且同时有下列情形的，可以裁定驳回起诉，告知原告向更为方便的外国法院提起诉讼：

(一)案件争议的基本事实不是发生在中华人民共和国领域内，人民法院审理案件和当事人参加诉讼均明显不方便；

(二)当事人之间不存在选择人民法院管辖的协议；

(三)案件不属于人民法院专属管辖；

(四)案件不涉及中华人民共和国主权、安全或者社会公共利益；

(五)外国法院审理案件更为方便。

裁定驳回起诉后，外国法院对纠纷拒绝行使管辖权，或者未采取必要措施审理案件，或者未在合理期限内审结，当事人又向人民法院起诉的，人民法院应当受理。

(六)国际商事法庭

(1)国际商事法庭的管辖权

《最高人民法院关于设立国际商事法庭若干问题的规定》

第二条　国际商事法庭受理下列案件：

(一)当事人依照民事诉讼法第二百七十七条的规定协议选择最高人民法院管辖且标的额为人民币3亿元以上的第一审国际商事案件；

(二)高级人民法院对其所管辖的第一审国际商事案件，认为需要由最高人民法院审理并获准许的；

(三)在全国有重大影响的第一审国际商事案件；

(四)依照本规定第十四条申请仲裁保全、申请撤销或者执行国际商事仲裁裁决的；

(五)最高人民法院认为应当由国际商事法庭审理的其他国际商事案件。

(2)外国法的查明

《最高人民法院关于设立国际商事法庭若干问题的规定》

第八条　国际商事法庭审理案件应当适用域外法律时，可以通过下列途径查明：

(一)由当事人提供；

(二)通过司法协助渠道由对方的中央机关或者主管机关提供；

(三)通过最高人民法院请求我国驻该国使馆或者该国驻我国使领馆提供；

（四）由最高人民法院建立或者参与的法律查明合作机制参与方提供；

（五）由最高人民法院国际商事专家委员会专家提供；

（六）由法律查明服务机构或者中外法律专家提供；

（七）其他适当途径。

通过上述途径提供的域外法律资料以及专家意见，应当依照法律规定在法庭上出示，并充分听取各方当事人的意见。

(3) 有关证据和判决的特殊规定

《最高人民法院关于设立国际商事法庭若干问题的规定》

第五条 国际商事法庭审理案件，由三名或者三名以上法官组成合议庭。

合议庭评议案件，实行少数服从多数的原则。少数意见可以在裁判文书中载明。

第九条 当事人向国际商事法庭提交的证据材料系在中华人民共和国领域外形成的，不论是否已办理公证、认证或者其他证明手续，均应当在法庭上质证。

当事人提交的证据材料系英文且经对方当事人同意的，可以不提交中文翻译件。

第十条 国际商事法庭调查收集证据以及组织质证，可以采用视听传输技术及其他信息网络方式。

第十三条 经国际商事专家委员会成员或者国际商事调解机构主持调解，当事人达成调解协议的，国际商事法庭可以依照法律规定制发调解书；当事人要求发给判决书的，可以依协议的内容制作判决书送达当事人。

第十五条 国际商事法庭作出的判决、裁定，是发生法律效力的判决、裁定。

国际商事法庭作出的调解书，经双方当事人签收后，即具有与判决等同的法律效力。

第十六条 当事人对国际商事法庭作出的已经发生法律效力的判决、裁定和调解书，可以依照民事诉讼法的规定向最高人民法院本部申请再审。

最高人民法院本部受理前款规定的申请再审案件以及再审案件，均应当另行组成合议庭。

第十七条 国际商事法庭作出的发生法律效力的判决、裁定和调解书，当事人可以向国际商事法庭申请执行。

考点73 域外文书送达

《民事诉讼法》

第二百八十三条 [送达方式] 人民法院对在中华人民共和国领域内没有住所的当事人送达诉讼文书，可以采用下列方式：

（一）依照受送达人所在国与中华人民共和国缔结或者共同参加的国际条约中规定的方式送达；

（二）通过外交途径送达；

（三）对具有中华人民共和国国籍的受送达人，可以委托中华人民共和国驻受送达人所在国的使领馆代为送达；

（四）向受送达人在本案中委托的诉讼代理人送达；

（五）向受送达人在中华人民共和国领域内设立的独资企业、代表机构、分支机构或者有权接受送达的业务代办人送达；

（六）受送达人为外国人、无国籍人，其在中华人民共和国领域内设立的法人或者其他组织担任法定代表人或者主要负责人，且与该法人或者其他组织为共同被告的，向该法人或者其他组织送达；

（七）受送达人为外国法人或者其他组织，其法定代表人或者主要负责人在中华人民共和国领域内的，向其法定代表人或者主要负责人送达；

（八）受送达人所在国的法律允许邮寄送达的，可以邮寄送达，自邮寄之日起满三个月，送达回证没有退回，但根据各种情况足以认定已经送达的，期间届满之日视为送达；

（九）采用能够确认受送达人收悉的电子方式送达，但是受送达人所在国法律禁止的除外；

（十）以受送达人同意的其他方式送达，但是受送达人所在国法律禁止的除外。

不能用上述方式送达的，公告送达，自发出公告之日起，经过六十日，即视为送达。

《民诉解释》

第五百三十三条第二款 外国企业、组织的主要负责人包括该企业、组织的董事、监事、高级管理人员等。

考点74 域外调取证据

《民事诉讼法》

第二百八十四条 [域外调查取证] 当事人申请人民法院调查收集的证据位于中华人民共和国领域外，人民法院可以依照证据所在国与中华人民共和国缔结或者共同参加的国际条约中规定的方式，或者通过外交途径调查收集。

在所在国法律不禁止的情况下，人民法院可以采用下列方式调查收集：

（一）对具有中华人民共和国国籍的当事人、证人，可以委托中华人民共和国驻当事人、证人所在国的使领馆代为取证；

（二）经双方当事人同意，通过即时通讯工具取证；

（三）以双方当事人同意的其他方式取证。

第二百九十四条 [司法协助的途径] 请求和提供司法协助，应当依照中华人民共和国缔结或者参加的国际条约所规定的途径进行；没有条约关系的，通过外交途径进行。

外国驻中华人民共和国的使领馆可以向该国公民送达文书和调查取证，但不得违反中华人民共和国的法律，并不得采取强制措施。

除前款规定的情况外，未经中华人民共和国主管机关准许，任何外国机关或者个人不得在中华人民共和国领域内送达文书、调查取证。

第二百九十五条 [司法协助请求使用的文字] 外国法院请求人民法院提供司法协助的请求书及其所附文

件,应当附有中文译本或者国际条约规定的其他文字文本。

人民法院请求外国法院提供司法协助的请求书及其所附文件,应当附有该国文字译本或者国际条约规定的其他文字文本。

考点75 外国法院判决的承认与执行
(一)申请人
《民事诉讼法》

第二百九十八条　[外国申请承认和执行]外国法院作出的发生法律效力的判决、裁定,需要人民法院承认和执行的,可以由当事人直接向有管辖权的中级人民法院申请承认和执行,也可以由外国法院依照该国与中华人民共和国缔结或者参加的国际条约的规定,或者按照互惠原则,请求人民法院承认和执行。

(二)有管辖权的法院
《民事诉讼法》

第二百三十五条　[执行依据及管辖]发生法律效力的民事判决、裁定,以及刑事判决、裁定中的财产部分,由第一审人民法院或者与第一审人民法院同级的被执行的财产所在地人民法院执行。

法律规定由人民法院执行的其他法律文书,由被执行人住所地或者被执行的财产所在地人民法院执行。

(三)申请承认与执行的期间
《民事诉讼法》

第二百五十条　[申请执行期间]申请执行的期间为二年。申请执行时效的中止、中断,适用法律有关诉讼时效中止、中断的规定。

前款规定的期间,从法律文书规定履行期间的最后一日起计算;法律文书规定分期履行的,从最后一期履行期限届满之日起计算;法律文书未规定履行期间的,从法律文书生效之日起计算。

(四)承认和执行的条件
《民事诉讼法》

第二百九十九条　[外国法院裁判的承认与执行]人民法院对申请或者请求承认和执行的外国法院作出的发生法律效力的判决、裁定,依照中华人民共和国缔结或者参加的国际条约,或者按照互惠原则进行审查后,认为不违反中华人民共和国法律的基本原则且不损害国家主权、安全、社会公共利益的,裁定承认其效力;需要执行的,发出执行令,依照本法的有关规定执行。

第三百条　[外国法院裁判的不予承认和执行]对申请或者请求承认和执行的外国法院作出的发生法律效力的判决、裁定,人民法院经审查,有下列情形之一的,裁定不予承认和执行:

(一)依据本法第三百零一条的规定,外国法院对案件无管辖权的;

(二)被申请人未得到合法传唤或者虽经合法传唤但未获得合理的陈述、辩论机会,或者无诉讼行为能力的当事人未得到适当代理的;

(三)判决、裁定是通过欺诈方式取得;

(四)人民法院已对同一纠纷作出判决、裁定,或者已经承认第三国法院对同一纠纷作出的判决、裁定;

(五)违反中华人民共和国法律的基本原则或者损害国家主权、安全、社会公共利益。

第三百零一条　[外国法院无管辖权的认定]有下列情形之一的,人民法院应当认定该外国法院对案件无管辖权:

(一)外国法院依照其法律对案件没有管辖权,或者虽然依照其法律有管辖权但与案件所涉纠纷无适当联系;

(二)违反本法对专属管辖的规定;

(三)违反当事人排他性选择法院管辖的协议。

第三百零二条　[同一争议的处理]当事人向人民法院申请承认和执行外国法院作出的发生法律效力的判决、裁定,该判决、裁定涉及的纠纷与人民法院正在审理的纠纷属于同一纠纷的,人民法院可以裁定中止诉讼。

外国法院作出的发生法律效力的判决、裁定不符合本法规定的承认条件的,人民法院裁定不予承认和执行,并恢复已经中止的诉讼;符合本法规定的承认条件的,人民法院裁定承认其效力;需要执行的,发出执行令,依照本法的有关规定执行;对已经中止的诉讼,裁定驳回起诉。

第三百零三条　[承认和执行的复议]当事人对承认和执行或者不予承认和执行的裁定不服的,可以自裁定送达之日起十日内向上一级人民法院申请复议。

《民诉解释》

第五百四十一条　申请人向人民法院申请承认和执行外国法院作出的发生法律效力的判决、裁定,应当提交申请书,并附外国法院作出的发生法律效力的判决、裁定正本或者经证明无误的副本以及中文译本。外国法院判决、裁定为缺席判决、裁定的,申请人应当同时提交该外国法院已经合法传唤的证明文件,但判决、裁定已经对此予以明确说明的除外。

中华人民共和国缔结或者参加的国际条约对提交文件有规定的,按照规定办理。

第五百四十二条　当事人向中华人民共和国有管辖权的中级人民法院申请承认和执行外国法院作出的发生法律效力的判决、裁定,如果该法院所在国与中华人民共和国没有缔结或者共同参加国际条约,也没有互惠关系的,裁定驳回申请,但当事人向人民法院申请承认外国法院作出的发生法律效力的离婚判决的除外。

承认和执行申请被裁定驳回的,当事人可以向人民法院起诉。

(五)外国法院离婚判决的承认
(1)受理
《最高人民法院关于人民法院受理申请承认外国法院离婚判决案件有关问题的规定》

一、中国公民向人民法院申请承认外国法院离婚判决,人民法院不应以其未在国内缔结婚姻关系而拒绝受理;中国公民申请承认外国法院在其缺席情况下作出的离婚判决,应同时向人民法院提交作出该判决的外国法院已合法传唤其出庭的有关证明文件。

二、外国公民向人民法院申请承认外国法院离婚判决,如果其离婚的原配偶是中国公民,人民法院应予受理;如果其离婚的原配偶是外国公民,人民法院不予受理,但可告知其直接向婚姻登记机关申请结婚登记。

(2)程序

《最高人民法院关于中国公民申请承认外国法院离婚判决程序问题的规定》

第一条 对与我国没有订立司法协助协议的外国法院作出的离婚判决,中国籍当事人可以根据本规定向人民法院申请承认该外国法院的离婚判决。

对与我国有司法协助协议的外国法院作出的离婚判决,按照协议的规定申请承认。

第二条 外国法院离婚判决中的夫妻财产分割、生活费负担、子女抚养方面判决的承认执行,不适用本规定。

第十二条 经审查,外国法院的离婚判决具有下列情形之一的,不予承认:

(一)判决尚未发生法律效力;

(二)作出判决的外国法院对案件没有管辖权;

(三)判决是在被告缺席且未得到合法传唤情况下作出的;

(四)该当事人之间的离婚案件,我国法院正在审理或已作出判决,或者第三国法院对该当事人之间作出的离婚案件判决已为我国法院所承认;

(五)判决违反我国法律的基本原则或者危害我国国家主权、安全和社会公共利益。

第十八条 人民法院受理离婚诉讼后,原告一方变更请求申请承认外国法院离婚判决,或者被告一方另提出承认外国法院离婚判决申请的,其申请均不受理。

第十九条 人民法院受理承认外国法院离婚判决的申请后,对方当事人向人民法院起诉离婚的,人民法院不予受理。

第二十条 当事人之间的婚姻虽经外国法院判决,但未向人民法院申请承认的,不妨碍当事人一方另行向人民法院提出离婚诉讼。

第二十一条 申请人的申请为人民法院受理后,申请人可以撤回申请,人民法院以裁定准予撤回。申请人撤回申请后,不得再提出申请,但可以另向人民法院起诉离婚。

第二十二条 申请人的申请被驳回后,不得再提出申请,但可以另行向人民法院起诉离婚。

专题十五 区际法律问题

考点77 区际文书送达

(一)涉港澳

《最高人民法院关于涉港澳民商事案件司法文书送达问题若干规定》

第三条 作为受送达人的自然人或者企业、其他组织的法定代表人、主要负责人在内地的,人民法院可以直接向该自然人或者法定代表人、主要负责人送达。

第四条 除受送达人在授权委托书中明确表明其诉讼代理人无权代为接收有关司法文书外,其委托的诉讼代理人为有权代其接受送达的诉讼代理人,人民法院可以向该诉讼代理人送达。

第五条 受送达人在内地设立有代表机构的,人民法院可以直接向该代表机构送达。

受送达人在内地设立有分支机构或者业务代办人并授权其接受送达的,人民法院可以直接向该分支机构或者业务代办人送达。

第七条 人民法院向受送达人送达司法文书,可以邮寄送达。

邮寄送达时应附有送达回证。受送达人未在送达回证上签收但在邮件回执上签收的,视为送达,签收日期为送达日期。

自邮寄之日起满三个月,虽未收到送达与否的证明文件,但存在本规定第十二条规定情形,期间届满之日视为送达。

自邮寄之日起满三个月,如果未能收到送达与否的证明文件,且不存在本规定第十二条规定情形的,视为未送达。

第八条 人民法院可以通过传真、电子邮件等能够确认收悉的其他适当方式向受送达人送达。

第九条 人民法院不能依照本规定上述方式送达的,可以公告送达。公告内容应当在内地和受送达人住所地公开发行的报刊上刊登,自公告之日起满三个月即视为送达。

第十条 除公告送达方式外,人民法院可以同时采取多种法定方式向受送达人送达。

采取多种方式送达的,应当根据最先实现送达的方式确定送达日期。

第十一条 人民法院向在内地的受送达人或者受送达人的法定代表人、主要负责人、诉讼代理人、代表机构以及有权接受送达的分支机构、业务代办人送达司法文书,可以适用留置送达的方式。

第十二条 受送达人未对人民法院送达的司法文书履行签收手续,但存在以下情形之一的,视为送达:

(一)受送达人向人民法院提及了所送达司法文书的内容;

(二)受送达人已经按照所送达司法文书的内容履行;

(三)其他可以确认已经送达的情形。

(二)涉台

《最高人民法院关于涉台民事诉讼文书送达的若干规定》

第三条 人民法院向住所地在台湾地区的当事人送达民事诉讼文书,可以采用下列方式:

(一)受送达人居住在大陆的,直接送达。受送达人是自然人,本人不在的,可以交其同住成年家属签收;受送达人是法人或者其他组织的,应当由法人的法定代表人、其他组织的主要负责人或者该法人、组织负责收件的人签收；

受送达人不在大陆居住，但送达时在大陆的，可以直接送达；

（二）受送达人在大陆有诉讼代理人的，向诉讼代理人送达。受送达人在授权委托书中明确表明其诉讼代理人无权代为接收的除外；

（三）受送达人有指定代收人的，向代收人送达；

（四）受送达人在大陆有代表机构、分支机构、业务代办人的，向其代表机构或者经受送达人明确授权接受送达的分支机构、业务代办人送达；

（五）受送达人在台湾地区的地址明确的，可以邮寄送达；

（六）有明确的传真号码、电子信箱地址的，可以通过传真、电子邮件方式向受送达人送达；

（七）按照两岸认可的其他途径送达。

采用上述方式不能送达或者台湾地区的当事人下落不明的，公告送达。

第四条 采用本规定第三条第一款第（一）、（二）、（三）、（四）项方式送达的，由受送达人、诉讼代理人或者有权接受送达的人在送达回证上签收或者盖章，即为送达；拒绝签收或者盖章的，可以依法留置送达。

第五条 采用本规定第三条第一款第（五）项方式送达的，应当附有送达回证。受送达人未在送达回证上签收但在邮件回执上签收的，视为送达，签收日期为送达日期。

自邮寄之日起满三个月，如果未能收到送达与否的证明文件，且根据各种情况不足以认定已经送达的，视为未送达。

第六条 采用本规定第三条第一款第（六）项方式送达的，应当注明人民法院的传真号码或者电子信箱地址，并要求受送达人在收到传真件或者电子邮件后及时予以回复。以能够确认受送达人收悉的日期为送达日期。

第七条 采用本规定第三条第一款第（七）项方式送达的，应当由有关的高级人民法院出具盖有本院印章的委托函。委托函应当写明案件各方当事人的姓名或者名称、案由、案号；受送达人姓名或者名称、受送达人的详细地址以及需送达的文书种类。

第八条 采用公告方式送达的，公告内容应当在境内外公开发行的报刊或者权威网站上刊登。

公告送达的，自公告之日起满三个月，即视为送达。

考点78 区际调取证据

《最高人民法院关于内地与澳门特别行政区法院就民商事案件相互委托送达司法文书和调取证据的安排》

第二条 双方相互委托送达司法文书和调取证据，通过各高级人民法院和澳门特别行政区终审法院进行。最高人民法院与澳门特别行政区终审法院可以直接相互委托送达和调取证据。

经与澳门特别行政区终审法院协商，最高人民法院可以授权部分中级人民法院、基层人民法院与澳门特别行政区终审法院相互委托送达和调取证据。

第三条第一款 双方相互委托送达司法文书和调取证据，通过内地与澳门司法协助网络平台以电子方式转递；不能通过司法协助网络平台以电子方式转递的，采用邮寄方式。

第五条 委托书应当以中文文本提出。所附司法文书及其他相关文件没有中文文本的，应当提供中文译本。

第八条 委托方法院无须支付受委托方法院在送达司法文书、调取证据时发生的费用、税项。但受委托方法院根据其本辖区法律规定，有权在调取证据时，要求委托方法院预付鉴定人、证人、翻译人员的费用，以及因采用委托方法院在委托书中请求以特殊方式送达司法文书、调取证据所产生的费用。

第九条 受委托方法院收到委托书后，不得以其本辖区法律规定对委托方法院审理的该民商事案件享有专属管辖权或者不承认对该请求事项提起诉讼的权利为由，不予执行受托事项。

受委托方法院在执行受托事项时，发现该事项不属于法院职权范围，或者内地人民法院认为在内地执行该受托事项将违反其基本法律原则或社会公共利益，或者澳门特别行政区法院认为在澳门特别行政区执行该受托事项将违反其基本法律原则或公共秩序的，可以不予执行，但应当及时向委托方法院书面说明不予执行的原因。

第十六条 委托方法院请求调取的证据只能是用于与诉讼有关的证据。

第二十条 受委托方法院在执行委托调取证据时，根据委托方法院的请求，可以允许委托方法院派司法人员出席。必要时，经受委托方允许，委托方法院的司法人员可以向证人、鉴定人等发问。

考点79 区际法院判决的认可与执行

（一）内地与香港特别行政区相互认可与执行法院判决

（1）婚姻家庭民事判决的认可与执行

《最高人民法院关于内地与香港特别行政区法院相互认可和执行婚姻家庭民事案件判决的安排》

第一条第一款 当事人向香港特别行政区法院申请认可和执行内地人民法院就婚姻家庭民事案件作出的生效判决，或者向内地人民法院申请认可和执行香港特别行政区法院就婚姻家庭民事案件作出的生效判决的，适用本安排。

第四条 申请认可和执行本安排规定的判决：

（一）在内地向申请人住所地、经常居住地或者被申请人住所地、经常居住地、财产所在地的中级人民法院提出；

（二）在香港特别行政区向区域法院提出。

申请人应当向符合前款第一项规定的其中一个人民法院提出申请。向两个以上有管辖权的人民法院提出申请的，由最先立案的人民法院管辖。

第七条 申请认可和执行判决的期间、程序和方式，应当依据被请求方法律的规定。

第九条　申请认可和执行的判决，被申请人提供证据证明有下列情形之一的，法院审查核实后，不予认可和执行：

（一）根据原审法院地法律，被申请人未经合法传唤，或者虽经合法传唤但未获得合理的陈述、辩论机会的；

（二）判决是以欺诈方法取得的；

（三）被请求方法院受理相关诉讼后，请求方法院又受理就同一争议提起的诉讼并作出判决的；

（四）被请求方法院已经就同一争议作出判决，或者已经认可和执行其他国家和地区法院就同一争议所作出的判决的。

内地人民法院认为认可和执行香港特别行政区法院判决明显违反内地法律的基本原则或者社会公共利益，香港特别行政区法院认为认可和执行内地人民法院判决明显违反香港特别行政区法律的基本原则或者公共政策的，不予认可和执行。

申请认可和执行的判决涉及未成年子女的，在根据前款规定审查决定是否认可和执行时，应当充分考虑未成年子女的最佳利益。

第十五条　被请求方法院就认可和执行的申请作出裁定或者命令后，当事人不服的，在内地可以在裁定送达之日起十日内向上一级人民法院申请复议，在香港特别行政区可以依据其法律规定提出上诉。

第十六条　在审理婚姻家庭民事案件期间，当事人申请认可和执行另一地法院就同一争议作出的判决的，应当受理。受理后，有关诉讼应当中止，待就认可和执行的申请作出裁定或者命令后，再视情终止或者恢复诉讼。

(2)其他民商事判决的认可与执行

《最高人民法院关于内地与香港特别行政区法院相互认可和执行民商事案件判决的安排》

第七条　申请认可和执行本安排规定的判决：

（一）在内地，向申请人住所地或者被申请人住所地、财产所在地的中级人民法院提出；

（二）在香港特别行政区，向高等法院提出。

申请人应当向符合前款第一项规定的其中一个人民法院提出申请。向两个以上有管辖权的人民法院提出申请的，由最先立案的人民法院管辖。

第八条第三款　向内地人民法院提交的文件没有中文文本的，应当提交准确的中文译本。

第十条　申请认可和执行判决的期间、程序和方式，应当依据被请求方法律的规定。

第十一条　符合下列情形之一，且依据被请求方法律有关诉讼不属于被请求方法院专属管辖的，被请求方法院应当认定原审法院具有管辖权：

（一）原审法院受理案件时，被告住所地在该方境内；

（二）原审法院受理案件时，被告在该方境内设有代表机构、分支机构、办事处、营业所等不属于独立法人的机构，且诉讼请求是基于该机构的活动；

（三）因合同纠纷提起的诉讼，合同履行地在该方境内；

（四）因侵权行为提起的诉讼，侵权行为实施地在该方境内；

（五）合同纠纷或者其他财产权益纠纷的当事人以书面形式约定由原审法院地管辖，但各方当事人住所地均在被请求方境内的，原审法院地应系合同履行地、合同签订地、标的物所在地等与争议有实际联系地；

（六）当事人未对原审法院提出管辖权异议并应诉答辩，但各方当事人住所地均在被请求方境内的，原审法院地应系合同履行地、合同签订地、标的物所在地等与争议有实际联系地。

前款所称"书面形式"是指合同书、信件和数据电文（包括电报、电传、传真、电子数据交换和电子邮件）等可以有形地表现所载内容的形式。

知识产权侵权纠纷案件以及内地人民法院审理的《中华人民共和国反不正当竞争法》第六条规定的不正当竞争纠纷民事案件、香港特别行政区法院审理的假冒纠纷案件，侵权、不正当竞争、假冒行为实施地在原审法院地境内，且涉案知识产权权利、权益在该方境内依法应予保护的，才应当认定原审法院具有管辖权。

除第一款、第三款规定外，被请求方法院认为原审法院对于有关诉讼的管辖符合被请求方法律规定的，可以认定原审法院具有管辖权。

第十二条　申请认可和执行的判决，被申请人提供证据证明有下列情形之一的，被请求方法院审查核实后，应当不予认可和执行：

（一）原审法院对有关诉讼的管辖不符合本安排第十一条规定的；

（二）依原审法院地法律，被申请人未经合法传唤，或者虽经合法传唤但未获得合理的陈述、辩论机会的；

（三）判决是以欺诈方法取得的；

（四）被请求方法院受理相关诉讼后，原审法院又受理就同一争议提起的诉讼并作出判决的；

（五）被请求方法院已经就同一争议作出判决，或者已经认可其他国家和地区就同一争议所作出的判决的；

（六）被请求方已经就同一争议作出仲裁裁决，或者已经认可其他国家和地区作出的仲裁裁决的。

内地人民法院认为认可和执行香港特别行政区法院判决明显违反内地法律的基本原则或者社会公共利益，香港特别行政区法院认为认可和执行内地人民法院判决明显违反香港特别行政区法律的基本原则或者公共政策的，应当不予认可和执行。

第十六条　相互认可和执行的判决内容包括金钱判项、非金钱判项。

判决包括惩罚性赔偿的，不予认可和执行惩罚性赔偿部分，但本安排第十七条规定的除外。

第十七条　知识产权侵权纠纷案件以及内地人民法院审理的《中华人民共和国反不正当竞争法》第六条规定的不正当竞争纠纷民事案件、香港特别行政区法院审理的假冒纠纷案件，内地与香港特别行政区法院相互认可和执行判决的，限于根据原审法院地发生的侵权行为所确定的金钱判项，包括惩罚性赔偿部分。

有关商业秘密侵权纠纷案件判决的相互认可和执行，包括金钱判项(含惩罚性赔偿)、非金钱判项。

第二十一条　被申请人在内地和香港特别行政区均有可供执行财产的，申请人可以分别向两地法院申请执行。

应对方法院要求，两地法院应当相互提供本方执行判决的情况。

两地法院执行财产的总额不得超过判决确定的数额。

第二十二条　在审理民商事案件期间，当事人申请认可和执行另一地法院就同一争议作出的判决的，应当受理。受理后，有关诉讼应当中止，待就认可和执行的申请作出裁定或者命令后，再视情终止或者恢复诉讼。

第二十三条　审查认可和执行判决申请期间，当事人就同一争议提起诉讼的，不予受理；已经受理的，驳回起诉。

判决全部获得认可和执行后，当事人又就同一争议提起诉讼的，不予受理。

判决未获得或者未全部获得认可和执行的，申请人不得再次申请认可和执行，但可以就同一争议向被请求方法院提起诉讼。

第二十六条　被请求方法院就认可和执行的申请作出裁定或者命令后，当事人不服的，在内地可以于裁定送达之日起十日内向上一级人民法院申请复议，在香港特别行政区可以依据其法律规定提出上诉。

（二）内地与澳门特别行政区相互认可与执行法院判决

《最高人民法院关于内地与澳门特别行政区相互认可和执行民商事判决的安排》

第一条　内地与澳门特别行政区民商事案件(在内地包括劳动争议案件，在澳门特别行政区包括劳动民事案件)判决的相互认可和执行，适用本安排。

本安排亦适用于刑事案件中有关民事损害赔偿的判决、裁定。

本安排不适用于行政案件。

第三条　一方法院作出的具有给付内容的生效判决，当事人可以向对方有管辖权的法院申请认可和执行。

没有给付内容，或者不需要执行，但需要通过司法程序予以认可的判决，当事人可以向对方法院单独申请认可，也可以直接以该判决作为证据在对方法院的诉讼程序中使用。

第四条　内地有权受理认可和执行判决申请的法院为被申请人住所地、经常居住地或者财产所在地的中级人民法院。两个或者两个以上中级人民法院均有管辖权的，申请人应当选择向其中一个中级人民法院提出申请。

澳门特别行政区有权受理认可判决申请的法院为中级法院，有权执行的法院为初级法院。

第五条　被申请人在内地和澳门特别行政区均有可供执行财产的，申请人可以向一地法院提出执行申请。

申请人向一地法院提出执行申请的同时，可以向另一地法院申请查封、扣押或者冻结被执行人的财产。待一地法院执行完毕后，可以根据该地法院出具的执行情况证明，就不足部分向另一地法院申请采取处分财产的执行措施。

两地法院执行财产的总额，不得超过依据判决和法律规定所确定的数额。

第八条　申请书应当用中文制作。所附司法文书及其相关文件未用中文制作的，应当提供中文译本。其中法院判决书未用中文制作的，应当提供由法院出具的中文译本。

第十九条第一款　申请人依据本安排申请认可和执行判决，应当按被请求方法律规定，交纳诉讼费用、执行费用。

第十二条第二款　当事人对认可与否的裁定不服的，在内地可以向上一级人民法院提请复议，在澳门特别行政区可以根据其法律规定提起上诉；对执行中作出的裁定不服的，可以根据被请求方法律的规定，向上级法院寻求救济。

（三）台湾地区民事判决的认可与执行

《最高人民法院关于认可和执行台湾地区法院民事判决的规定》

第二条　本规定所称台湾地区法院民事判决，包括台湾地区法院作出的生效民事判决、裁定、和解笔录、调解笔录、支付命令等。

申请认可台湾地区法院在刑事案件中作出的有关民事损害赔偿的生效判决、裁定、和解笔录的，适用本规定。

申请认可由台湾地区乡镇市调解委员会等出具并经台湾地区法院核定，与台湾地区法院生效民事判决具有同等效力的调解文书的，参照适用本规定。

第三条　申请人同时提出认可和执行台湾地区民事判决申请的，人民法院先按照认可程序进行审查，裁定认可后，由人民法院执行机构执行。

申请人直接申请执行的，人民法院应当告知其一并提交认可申请；坚持不申请认可的，裁定驳回其申请。

第四条　申请认可台湾地区法院民事判决的案件，由申请人住所地、经常居住地或者被申请人住所地、经常居住地、财产所在地中级人民法院或者专门人民法院受理。

申请人向两个以上有管辖权的人民法院申请认可的，由最先立案的人民法院管辖。

申请人向被申请人财产所在地人民法院申请认可的，应当提供财产存在的相关证据。

第五条　对申请认可台湾地区法院民事判决的案件，人民法院应当组成合议庭进行审查。

第九条　申请人申请认可台湾地区法院民事判决，应当提供相关证明文件，以证明该判决真实并且已经生效。

申请人可以申请人民法院通过海峡两岸调查取证司法互助途径查明台湾地区法院民事判决的真实性和是否生效以及当事人得到合法传唤的证明文件；人民法院认为必要时，也可以就有关事项依职权通过海峡两岸司法互助途径向台湾地区请求调查取证。

第十一条 人民法院受理认可台湾地区法院民事判决的申请后,当事人就同一争议起诉的,不予受理。

一方当事人向人民法院起诉后,另一方当事人向人民法院申请认可的,对于认可的申请不予受理。

第十二条 案件虽经台湾地区有关法院判决,但当事人未申请认可,而是就同一争议向人民法院起诉的,应予受理。

第十三条 人民法院受理认可台湾地区法院民事判决的申请后,作出裁定前,申请人请求撤回申请的,可以裁定准许。

第十四条 人民法院受理认可台湾地区法院民事判决的申请后,应当在立案之日起六个月内审结。有特殊情况需要延长的,报请上一级人民法院批准。

通过海峡两岸司法互助途径送达文书和调查取证的期间,不计入审查期限。

第十五条 台湾地区法院民事判决具有下列情形之一的,裁定不予认可:

(一)申请认可的民事判决,是在被申请人缺席又未经合法传唤或者在被申请人无诉讼行为能力又未得到适当代理的情况下作出的;

(二)案件系人民法院专属管辖的;

(三)案件双方当事人订有有效仲裁协议,且无放弃仲裁管辖情形的;

(四)案件系人民法院已作出判决或者中国大陆的仲裁庭已作出仲裁裁决的;

(五)香港特别行政区、澳门特别行政区或者外国的法院已就同一争议作出判决且已为人民法院所认可或者承认的;

(六)台湾地区、香港特别行政区、澳门特别行政区或者外国的仲裁庭已就同一争议作出仲裁裁决且已为人民法院所认可或者承认的。

认可该民事判决将违反一个中国原则等国家法律的基本原则或者损害社会公共利益的,人民法院应当裁定不予认可。

第十七条 经人民法院裁定认可的台湾地区法院民事判决,与人民法院作出的生效判决具有同等效力。

第十八条 人民法院依据本规定第十五条和第十六条作出的裁定,一经送达即发生法律效力。

当事人对上述裁定不服的,可以自裁定送达之日起十日内向上一级人民法院申请复议。

第十九条 对人民法院裁定不予认可的台湾地区法院民事判决,申请人再次提出申请的,人民法院不予受理,但申请人可以就同一争议向人民法院起诉。

第二十条 申请人申请认可和执行台湾地区法院民事判决的期间,适用民事诉讼法第二百三十九条(现为第二百五十条)的规定,但申请认可台湾地区法院有关身份关系的判决除外。

申请人仅申请认可而未同时申请执行的,申请执行的期间自人民法院对认可申请作出的裁定生效之日起重新计算。

考点80 区际仲裁裁决的认可与执行
(一)内地与香港特别行政区相互认可与执行仲裁裁决
(1)管辖法院

《最高人民法院关于内地与香港特别行政区相互执行仲裁裁决的安排》

二、上条所述的有关法院,在内地指被申请人住所地或者财产所在地的中级人民法院,在香港特区指香港特区高等法院。

被申请人住所地或者财产所在地在内地不同的中级人民法院辖区内的,申请人可以选择其中一个人民法院申请执行裁决,不得分别向两个或者两个以上人民法院提出申请。

……

《最高人民法院关于内地与香港特别行政区相互执行仲裁裁决的补充安排》

三、将《安排》第二条第三款修改为:"被申请人在内地和香港特区均有住所地或者可供执行财产的,申请人可以分别向两地法院申请执行。应对方法院要求,两地法院应当相互提供本方执行仲裁裁决的情况。两地法院执行财产的总额,不得超过裁决确定的数额。"

(2)申请认可和执行的期限

《最高人民法院关于内地与香港特别行政区相互执行仲裁裁决的安排》

五、申请人向有关法院申请执行内地或者香港特区仲裁裁决的期限依据执行地法律有关时限的规定。

(3)中文译本和费用

《最高人民法院关于内地与香港特别行政区相互执行仲裁裁决的安排》

四(第二款)、执行申请书应当以中文文本提出,裁决书或者仲裁协议没有中文文本的,申请人应当提交正式证明的中文译本。

八、申请人向有关法院申请执行在内地或者香港特区作出的仲裁裁决,应当根据执行地法院有关诉讼收费的办法交纳执行费用。

(4)不予执行的情形

《最高人民法院关于内地与香港特别行政区相互执行仲裁裁决的安排》

七、在内地或者香港特区申请执行的仲裁裁决,被申请人接到通知后,提出证据证明有下列情形之一的,经审查核实,有关法院可裁定不予执行:

(一)仲裁协议当事人依对其适用的法律属于某种无行为能力的情形;或者该项仲裁协议依约定的准据法无效;或者未指明以何种法律为准时,依仲裁裁决地的法律是无效的;

(二)被申请人未接到指派仲裁员的适当通知,或者因他故未能陈述意见的;

(三)裁决所处理的争议不是交付仲裁的标的或者不在仲裁协议条款之内,或者裁决载有关于交付仲裁范围以外事项的决定的;但交付仲裁事项的决定可与未交付仲裁的事项划分时,裁决中关于交付仲裁事项的决定部分应当予以执行；

（四）**仲裁庭的组成或者仲裁庭程序与当事人之间的协议不符**，或者在有关当事人没有这种协议时与仲裁地的法律不符的；

（五）裁决对当事人尚无约束力，或者业经仲裁地的法院或者按仲裁地的法律撤销或者停止执行的。

有关法院认定依执行地法律，争议事项**不能以仲裁解决**的，则可不予执行该裁决。

内地法院认定在内地执行该仲裁裁决**违反内地社会公共利益**，或者香港特区法院决定在香港特区执行该仲裁裁决违反香港特区的公共政策，则可不予执行该裁决。

（二）内地与澳门特别行政区相互认可与执行仲裁裁决

（1）管辖法院

《最高人民法院关于内地与澳门特别行政区相互认可和执行仲裁裁决的安排》

第二条 在内地或者澳门特别行政区作出的仲裁裁决，一方当事人不履行的，另一方当事人可以向被申请人**住所地、经常居住地或者财产所在地**的有关法院申请认可和执行。

内地有权受理认可和执行仲裁裁决申请的法院为**中级人民法院**。两个或者两个以上中级人民法院均有管辖权的，当事人应当选择向其中一个中级人民法院提出申请。

澳门特别行政区有权受理认可仲裁裁决申请的法院为中级法院，有权执行的法院为初级法院。

第三条 被申请人的住所地、经常居住地或者财产所在地分别在内地和澳门特别行政区的，申请人可以向一地法院提出认可和执行申请，也可以分别向两地法院提出申请。

当事人分别向两地法院提出申请的，两地法院都应当依法进行审查。予以认可的，采取查封、扣押或者冻结被执行人财产等执行措施。仲裁地法院应当先进行执行清偿；另一地法院在收到仲裁地法院关于经执行债权未获清偿情况的证明后，可以对申请人未获清偿的部分进行执行清偿。两地法院执行财产的总额，不得超过依据裁决和法律规定所确定的数额。

（2）申请认可和执行的期限

《最高人民法院关于内地与澳门特别行政区相互认可和执行仲裁裁决的安排》

第六条 申请人向有关法院申请认可和执行内地或者澳门特别行政区仲裁裁决的期限，依据认可和执行地的法律确定。

（3）中文译本和费用

《最高人民法院关于内地与澳门特别行政区相互认可和执行仲裁裁决的安排》

第四条第二款 上述文件没有中文文本的，申请人应当提交经正式证明的中文译本。

第八条 申请人依据本安排申请认可和执行仲裁裁决的，应当根据执行地法律的规定，交纳诉讼费用。

（4）不予认可和执行的情形

《最高人民法院关于内地与澳门特别行政区相互认可和执行仲裁裁决的安排》

第七条 对申请认可和执行的仲裁裁决，被申请人提出证据证明有下列情形之一的，经审查核实，有关法院可以裁定不予认可：

（一）仲裁协议一方当事人依对其适用的法律在订立仲裁协议时属于无行为能力的；或者依当事人约定的准据法，或当事人没有约定适用的准据法而依仲裁地法律，该仲裁协议无效的；

（二）被申请人未接到选任仲裁员或者进行仲裁程序的**适当通知**，或者因他故未能陈述意见的；

（三）裁决所处理的争议不是提交仲裁的争议，或者不在仲裁协议范围之内；或者裁决载有超出当事人提交仲裁范围的事项的决定，但裁决中超出提交仲裁范围的事项的决定与提交仲裁事项的决定可以分开的，裁决中关于提交仲裁事项的决定部分可以予以认可；

（四）**仲裁庭的组成或者仲裁庭程序违反了当事人的约定**，或者在当事人没有约定时与仲裁地的法律不符的；

（五）裁决对当事人尚无**约束力**，或者业经仲裁地的法院撤销或者拒绝执行的。

有关法院认定，依执行地法律，争议事项不能以仲裁解决的，不予认可和执行该裁决。

内地法院认定在内地认可和执行该仲裁裁决违反内地法律的基本原则或者社会公共利益，澳门特别行政区法院认定在澳门特别行政区认可和执行该仲裁裁决违反澳门特别行政区法律的基本原则或者公共秩序，不予认可和执行该裁决。

（三）台湾地区仲裁裁决的认可与执行

《最高人民法院关于认可和执行台湾地区仲裁裁决的规定》

第三条 申请人同时提出认可和执行台湾地区仲裁裁决申请的，人民法院先按照认可程序进行审查，裁定认可后，由人民法院执行机构执行。

申请人直接申请执行的，人民法院应当告知其一并提交认可申请；坚持不申请认可的，裁定驳回其申请。

第四条 申请认可台湾地区仲裁裁决的案件，由申请人住所地、经常居住地或者被申请人住所地、经常居住地、财产所在地中级人民法院或者专门人民法院受理。

申请人向两个以上有管辖权的人民法院申请认可的，由最先立案的人民法院管辖。

申请人向被申请人财产所在地人民法院申请认可的，应当提供财产存在的相关证据。

第五条 对申请认可台湾地区仲裁裁决的案件，人民法院应当**组成合议庭**进行审查。

第十条 人民法院受理认可台湾地区仲裁裁决的申请之前或者之后，可以按照民事诉讼法及相关司法解释的规定，根据申请人的申请，裁定采取保全措施。

第十一条 人民法院受理认可台湾地区仲裁裁决的申请后，当事人就同一争议起诉的，不予受理。

当事人未申请认可，而是就同一争议向人民法院起诉的,亦不予受理,但仲裁协议无效的除外。

第十二条 人民法院受理认可台湾地区仲裁裁决的申请后,作出裁定前,申请人请求撤回申请的,可以裁定准许。

第十四条 对申请认可和执行的仲裁裁决,被申请人提出证据证明有下列情形之一的,经审查核实,人民法院裁定不予认可:

(一)仲裁协议一方当事人依对其适用的法律在订立仲裁协议时属于无行为能力的;或者依当事人约定的准据法,或当事人没有约定适用的准据法而依台湾地区仲裁规定,该仲裁协议无效的;或者当事人之间没有达成书面仲裁协议的,但申请认可台湾地区仲裁调解的除外;

(二)被申请人未接到选任仲裁员或进行仲裁程序的适当通知,或者由于其他不可归责于被申请人的原因而未能陈述意见的;

(三)裁决所处理的争议不是提交仲裁的争议,或者不在仲裁协议范围之内;或者裁决载有超出当事人提交仲裁范围的事项的决定,但裁决中超出提交仲裁范围的事项的决定与提交仲裁事项的决定可以分开的,裁决中关于提交仲裁事项的决定部分可以予以认可;

(四)仲裁庭的组成或者仲裁程序违反当事人的约定,或者在当事人没有约定时与台湾地区仲裁规定不符的;

(五)裁决对当事人尚无约束力,或者业经台湾地区法院撤销或者驳回执行申请的。

依据国家法律,该争议事项不能以仲裁解决的,或者认可该仲裁裁决将违反一个中国原则等国家法律的基本原则或损害社会公共利益的,人民法院应当裁定不予认可。

第十五条 人民法院经审查能够确认台湾地区仲裁裁决真实,而且不具有本规定第十四条所列情形的,裁定认可其效力;不能确认该仲裁裁决真实性的,裁定驳回申请。

裁定驳回申请的案件,申请人再次申请并符合受理条件的,人民法院应予受理。

第十七条 一方当事人向人民法院申请认可或者执行台湾地区仲裁裁决,另一方当事人向台湾地区法院起诉撤销该仲裁裁决,被申请人申请中止认可或者执行并且提供充分担保的,人民法院应当中止认可或者执行程序。

申请中止认可或者执行的,应当向人民法院提供台湾地区法院已经受理撤销仲裁裁决案件的法律文书。

台湾地区法院撤销该仲裁裁决的,人民法院应当裁定不予认可或者裁定终结执行;台湾地区法院驳回撤销仲裁裁决请求的,人民法院应当恢复认可或者执行程序。

第十八条 对人民法院裁定不予认可的台湾地区仲裁裁决,申请人再次提出申请的,人民法院不予受理。但当事人可以根据双方重新达成的仲裁协议申请仲裁,也可以就同一争议向人民法院起诉。

国际经济法 [考点法条]

专题十六　国际货物买卖

考点82《联合国国际货物销售合同公约》的适用范围
(一)主体适用范围
《联合国国际货物销售合同公约》
第一条　[公约的适用范围]
(1)本公约适用于营业地在不同国家的当事人之间所订立的货物销售合同:
(a)如果这些国家是缔约国;或
(b)如果国际私法规则导致适用某一缔约国的法律。
(2)当事人营业地在不同国家的事实,如果从合同或从订立合同前任何时候或订立合同时,当事人之间的任何交易或当事人透露的情报均看不出,应不予考虑。
(3)在确定本公约的适用时,当事人的国籍和当事人或合同的民事或商业性质,应不予考虑。
(二)客体适用范围
《联合国国际货物销售合同公约》
第二条　[不适用公约的销售]
本公约不适用于以下的销售:
(a)购供私人、家人或家庭使用的货物的销售,除非卖方在订立合同前任何时候或订立合同时不知道而且没有理由知道这些货物是购供任何这种使用;
(b)经由拍卖的销售;
(c)根据法律执行令状或其他令状的销售;
(d)公债、股票、投资证券、流通票据或货币的销售;
(e)船舶、船只、气垫船或飞机的销售;
(f)电力的销售。
第三条　[公约不适用绝大部分为服务贸易的合同]
(1)供应尚待制造或生产的货物的合同应视为销售合同,除非订购货物的当事人保证供应这种制造或生产所需的大部分重要材料。
(2)本公约不适用于供应货物一方的绝大部分义务在于供应劳力或其他服务的合同。
(三)适用的任意性
《联合国国际货物销售合同公约》
第六条　[公约适用的任意性]
双方当事人可以不适用本公约,或在第十二条的条件下,减损本公约的任何规定或改变其效力。

考点83要约承诺规则
《联合国国际货物销售合同公约》
第十四条　[要约]
(1)向一个或一个以上特定的人提出的订立合同的建议,如果十分确定并且表明发价人在得到接受时承受约束的意旨,即构成发价。一个建议如果写明货物并且明示或暗示地规定数量和价格或规定如何确定数量和价格,即为十分确定。
(2)非向一个或一个以上特定的人提出的建议,仅应视为邀请做出发价,除非提出建议的人明确地表示相反的意向。
第十八条　[承诺]
(1)被发价人声明或做出其他行为表示同意一项发价,即是接受。缄默或不行动本身不等于接受。
(2)接受发价于表示同意的通知送达发价人时生效。如果表示同意的通知在发价人所规定的时间内,或未规定时间,在一段合理的时间内,未曾送达发价人,接受就成为无效,但须适当地考虑到交易的情况,包括发价人所使用的通讯方法的迅速程度。对口头发价必须立即接受,但情况有别者不在此限。
(3)但是,如果根据该项发价或依照当事人之间确立的习惯做法和惯例,被发价人可以做出某种行为,例如与发运货物或支付价款有关的行为,来表示同意,而无须向发价人发出通知,则接受于该项行为做出时生效,但该项行为必须在上一款所规定的期间内做出。

考点84买卖双方的权利义务
(一)卖方的主要义务
(1)交货义务
《联合国国际货物销售合同公约》
第三十一条　[卖方的交货地点]
如果卖方没有义务要在任何其他特定地点交付货物,他的交货义务如下:
(a)如果销售合同涉及货物的运输,卖方应把货物移交给第一承运人,以运交给买方;
(b)在不属于上款规定的情况下,如果合同指的是特定货物或从特定存货中提取的或尚待制造或生产的未经特定化的货物,而双方当事人在订立合同时已知道这些货物是在某一特定地点,或将在某一特定地点制造或生产,卖方应在该地点把货物交给买方处置;
(c)在其他情况下,卖方应在他订立合同时的营业地把货物交给买方处置。
第三十二条　[卖方的交货义务]
(1)如果卖方按照合同或本公约的规定将货物交付给承运人,但货物没有以货物上加标记,或以装运单据或其他方式清楚地注明有关合同,卖方必须向买方发出列明货物的发货通知。
(2)如果卖方有义务安排货物的运输,他必须订立必要的合同,以按照通常运输条件,用适合情况的运输工具,把货物运到指定地点。
(3)如果卖方没有义务对货物的运输办理保险,他必

70

须在买方提出要求时,向买方提供一切现有的必要资料,使他能够办理这种保险。

第三十三条 [卖方交货日期]

卖方必须按以下规定的日期交付货物:

(a)如果合同规定有日期,或从合同可以确定日期,应在该日期交货;

(b)如果合同规定有一段时间,或从合同可以确定一段时间,除非情况表明应由买方选定一个日期外,应在该段时间内任何时候交货;或者

(c)在其他情况下,应在订立合同后一段合理时间内交货。

(2)交单义务

《联合国国际货物销售合同公约》

第三十条 [卖方义务]

卖方必须按照合同和本公约的规定,交付货物,移交一切与货物有关的单据并转移货物所有权。

第三十四条 [移交与货物相关的单据]

如果卖方有义务移交与货物有关的单据,他必须按照合同所规定的时间、地点和方式移交这些单据。如果卖方在那个时间以前已移交这些单据,他可以在那个时间到达前纠正单据中任何不符合合同规定的情形,但是,此一权利的行使不得使买方遭受不合理的不便或承担不合理的开支。但是,买方保留本公约所规定的要求损害赔偿的任何权利。

(3)货物相符

《联合国国际货物销售合同公约》

第三十五条第二款 [卖方质量担保的义务]

(2)除双方当事人业已另有协议外,货物除非符合以下规定,否则即为与合同不符:

(a)货物适用于同一规格货物通常使用的目的;

(b)货物适用于订立合同时曾明示或默示地通知卖方的任何特定目的,除非情况表明买方并不依赖卖方的技能和判断力,或者这种依赖对他是不合理的;

(c)货物的质量与卖方向买方提供的货物样品或样式相同;

(d)货物按照同类货物通用的方式装箱或包装,如果没有此种通用方式,则按照足以保全和保护货物的方式装箱或包装。

(4)权利担保

《联合国国际货物销售合同公约》

第四十二条 [知识产权担保]

(1)卖方所交付的货物,必须是第三方不能根据工业产权或其他知识产权主张任何权利或要求的货物,但以卖方在订立合同时已知道或不可能不知道的权利或要求为限,而且这种权利或要求根据以下国家的法律规定是以工业产权或其他知识产权为基础的:

(a)如果双方当事人在订立合同时预期货物将在某一国境内转售或做其他使用,则根据货物将在其境内转售或做其他使用的国家的法律;或者

(b)在任何其他情况下,根据买方营业地所在国家的法律。

(2)卖方在上一款中的义务不适用于以下情况:

(a)买方在订立合同时已知道或不可能不知道此项权利或要求;或者

(b)此项权利或要求的发生,是由于卖方要遵照买方所提供的技术图样、图案、款式或其他规格。

第四十三条 [通知及担保的免除]

(1)买方如果不在已知道或理应知道第三方的权利或要求后一段合理时间内,将此一权利或要求的性质通知卖方,就丧失援引第四十一条或第四十二条规定的权利。

(2)卖方如果知道第三方的权利或要求以及此一权利或要求的性质,就无权援引上一款的规定。

(二)买方义务

(1)支付货款

《联合国国际货物销售合同公约》

第五十七条 [买方付款的地点]

(1)如果买方没有义务在任何其他特定地点支付价款,他必须在以下地点向卖方支付价款:

(a)卖方的营业地;或者

(b)如凭移交货物或单据支付价款,则为移交货物或单据的地点。

(2)卖方必须承担因其营业地在订立合同后发生变动而增加的支付方面的有关费用。

(2)接收货物

《联合国国际货物销售合同公约》

第六十条 [买方收取货物的义务]

买方收取货物的义务如下:

(a)采取一切理应采取的行动,以期卖方能交付货物;和

(b)接收货物。

《联合国国际货物销售合同公约》

第五十二条 [提前交货或多交货物的处理]

(1)如果卖方在规定的日期前交付货物,买方可以收取货物,也可以拒绝收取货物。

(2)如果卖方交付的货物数量大于合同规定的数量,买方可以收取也可以拒绝收取多交部分的货物。如果买方收取多交部分货物的全部或一部分,他必须按合同价格付款。

(3)检验货物

《联合国国际货物销售合同公约》

第三十八条 [货物检验]

(1)买方必须在按情况实际可行的最短时间内检验货物或由他人检验货物。

(2)如果合同涉及货物的运输,检验可推迟到货物到达目的地后进行。

(3)如果货物在运输途中改运或买方须再发运货物,没有合理机会加以检验,而卖方在订立合同时已知道或理应知道这种改运或再发运的可能性,检验可推迟到货物到达新目的地后进行。

第三十九条 [货物不符的通知时限]

(1)买方对货物不符合同,必须在发现或理应发现不

符情形后一段合理时间内通知卖方,说明不符合同情形的性质,否则就丧失声称货物不符合同的权利。

(2)无论如何,如果买方不在实际收到货物之日起两年内将货物不符合同情形通知卖方,他就丧失声称货物不符合同的权利,除非这一时限与合同规定的保证期限不符。

考点85 违约救济制度

(一)一般违约的救济方式

(1)卖方违反合同时适用于买方的救济方式

《联合国国际货物销售合同公约》

第四十六条 [买方要求卖方实际履行]

(1)买方可以要求卖方履行义务,除非买方已采取与此一要求相抵触的某种补救办法。

(2)如果货物不符合同,买方只有在此种不符合同情形构成根本违反合同时,才可以要求交付替代货物,而且关于替代货物的要求,必须与依照第三十九条发出的通知同时提出,或者在该项通知发出后一段合理时间内提出。

(3)如果货物不符合同,买方可以要求卖方通过修理对不符合同之处做出补救,除非他考虑了所有情况之后,认为这样做是不合理的。修理的要求必须与依照第三十九条发出的通知同时提出,或者在该项通知发出后一段合理时间内提出。

第四十九条 [宣告合同无效]

(1)买方在以下情况下可以宣告合同无效:

(a)卖方不履行其在合同或本公约中的任何义务,等于根本违反合同;或

(b)如果发生不交货的情况,卖方不在买方按照第四十七条第(1)款规定的额外时间内交付货物,或卖方声明他将不在所规定的时间内交付货物。

(2)但是,如果卖方已交付货物,买方就丧失宣告合同无效的权利,除非:

(a)对于迟延交货,他在知道交货后一段合理时间内这样做;

(b)对于迟延交货以外的任何违反合同事情:

①他在已知道或理应知道这种违反合同后一段合理时间内这样做;或

②他在买方按照第四十七条第(1)款规定的任何额外时间满期后,或在卖方声明他将不在这一额外时间履行义务后一段合理时间内这样做;或

③他在卖方按照第四十八条第(2)款指明的任何额外时间满期后,或在卖方声明他将不接受卖方履行义务后一段合理时间内这样做。

第五十条 [减价的救济]

如果货物不符合同,不论价款是否已付,买方都可以减低价格,减价按实际交付的货物在交货时的价值与符合合同的货物在当时的价值两者之间的比例计算。但是,如果卖方按照第三十七条或第四十八条的规定对任何不履行义务做出补救,或者买方拒绝接受卖方按照该两条规定履行义务,则买方不得减低价格。

第七十四条 [损害赔偿救济原则,赔偿数额的计算方法]

一方当事人违反合同应负的损害赔偿额,应与另一方当事人因他违反合同而遭受的包括利润在内的损失额相等。这种损害赔偿不得超过违反合同一方在订立合同时,依照他当时已知道或理应知道的事实和情况,对违反合同预料到或理应预料到的可能损失。

第七十五条 [宣告合同无效后的损害赔偿之具体的赔偿方法]

如果合同被宣告无效,而在宣告无效后一段合理时间内,买方已以合理方式购买替代货物,或者卖方已以合理方式把货物转卖,则要求损害赔偿的一方可以取得合同价格和替代货物交易价格之间的差额以及按照第七十四条规定可以取得的任何其他损害赔偿。

第七十六条 [宣告合同无效后的损害赔偿之抽象的赔偿方法]

(1)如果合同被宣告无效,而货物又有时价,要求损害赔偿的一方,如果没有根据第七十五条规定进行购买或转卖,则可以取得合同规定的价格和宣告合同无效时的时价之间的差额以及按照第七十四条规定可以取得的任何其他损害赔偿。但是,如果要求损害赔偿的一方在接收货物之后宣告合同无效,则应适用接收货物时的时价,而不适用宣告合同无效时的时价。

(2)为上一款的目的,时价指原应交付货物地点的现行价格,如果该地点没有时价,则指另一合理替代地点的价格,但应当地考虑货物运费的差额。

第七十七条 [减轻损失义务]

声称另一方违反合同的一方,必须按情况采取合理措施,减轻由于该另一方违反合同而引起的损失,包括利润方面的损失。如果他不采取这种措施,违反合同一方可以要求从损害赔偿中扣除原可以减轻的损失数额。

(2)买方违反合同时适用于卖方的救济方式

《联合国国际货物销售合同公约》

第七十八条 [收取利息的权利]

如果一方当事人没有支付价款或任何其他拖欠金额,另一方当事人有权对这些款额收取利息,但不妨碍要求按照第七十四条规定可以取得的损害赔偿。

(二)预期违反合同的救济方法

《联合国国际货物销售合同公约》

第七十一条 [中止履行]

(1)如果订立合同后,另一方当事人由于下列原因显然将不履行其大部分重要义务,一方当事人可以中止履行义务:

(a)他履行义务的能力或他的信用有严重缺陷;或

(b)他在准备履行合同或履行合同中的行为。

(2)如果卖方在上一款所述的理由明显化以前已将货物发运,他可以阻止将货物交给买方,即使买方持有其有权获得货物的单据。本款规定只与买方和卖方间对货物的权利有关。

(3)中止履行义务的一方当事人不论是在货物发运

前还是发运后,都必须立即通知另一方当事人,如经另一方当事人对履行义务提供充分保证,则他必须继续履行义务。

第七十二条 [预期根本违约的救济]

(1)如果在履行合同日期之前,明显看出一方当事人将根本违反合同,另一方当事人可以宣告合同无效。

(2)如果时间许可,打算宣告合同无效的一方当事人必须向另一方当事人发出合理的通知,使他可以对履行义务提供充分保证。

(3)如果另一方当事人已声明他将不履行其义务,则上一款的规定不适用。

(三)分批交付的处理

《联合国国际货物销售合同公约》

第七十三条 [分批交货]

(1)对于分批交付货物的合同,如果一方当事人不履行对任何一批货物的义务,便对该批货物构成根本违反合同,则另一方当事人可以宣告合同对该批货物无效。

(2)如果一方当事人不履行对任何一批货物的义务,使另一方当事人有充分理由断定对今后各批货物将会发生根本违反合同,该另一方当事人可以在一段合理时间内宣告合同今后无效。

(3)买方宣告合同对任何一批货物的交付为无效时,可以同时宣告合同对已交付的或今后交付的各批货物均为无效,如果各批货物是互相依存的,不能单独用于双方当事人在订立合同时所设想的目的。

考点86 国际货物买卖合同的风险转移

(一)一般货物买卖合同的风险转移

《联合国国际货物销售合同公约》

第六十七条 [货物风险转移的时间]

(1)如果销售合同涉及货物的运输,但卖方没有义务在某一特定地点交付货物,自货物按照销售合同交付给第一承运人以转交给买方时起,风险就移转到买方承担。如果卖方有义务在某一特定地点把货物交付给承运人,在货物于该地点交付给承运人以前,风险不移转到买方承担。卖方受权保留控制货物处置权的单据,并不影响风险的移转。

(2)但是,在货物以货物上加标记,或以装运单据,或向买方发出通知或其他方式清楚地注明有关合同以前,风险不移转到买方承担。

(二)运输途中销售货物的风险转移

《联合国国际货物销售合同公约》

第六十八条 [运输途中出售的风险转移]

对于在运输途中销售的货物,从订立合同时起,风险就移转到买方承担。但是,如果情况表明有此需要,从货物交付给签发载有运输合同单据的承运人时起,风险就由买方承担。尽管如此,如果卖方在订立合同时已知道或理应知道货物已经遗失或损坏,而他又不将这一事实告知买方,则这种遗失或损坏应由卖方负责。

专题十七 国际货物运输与保险

考点88 海上货物运输承运人的责任与免责

《海商法》

第五十一条 [承运人免责事由]在责任期间货物发生的灭失或者损坏是由于下列原因之一造成的,承运人不负赔偿责任:

(一)船长、船员、引航员或者承运人的其他受雇人在驾驶船舶或者管理船舶中的过失;

(二)火灾,但是由于承运人本人的过失所造成的除外;

(三)天灾,海上或者其他可航水域的危险或者意外事故;

(四)战争或者武装冲突;

(五)政府或者主管部门的行为、检疫限制或者司法扣押;

(六)罢工、停工或者劳动受到限制;

(七)在海上救助或者企图救助人命或者财产;

(八)托运人、货物所有人或者他们的代理人的行为;

(九)货物的自然特性或者固有缺陷;

(十)货物包装不良或者标志欠缺、不清;

(十一)经谨慎处理仍未发现的船舶潜在缺陷;

(十二)非由于承运人或者承运人的受雇人、代理人的过失造成的其他原因。

承运人依照前款规定免除赔偿责任的,除第(二)项规定的原因外,应当负举证责任。

第五十二条 [活动物的免责]因运输活动物的固有的特殊风险造成活动物灭失或者损害的,承运人不负赔偿责任。但是,承运人应当证明业已履行托运人关于运输活动物的特别要求,并证明根据实际情况,灭失或者损害是由于此种固有的特殊风险造成的。

第五十三条 [舱面货的责任与免责]承运人在舱面上装载货物,应当同托运人达成协议,或者符合航运惯例,或者符合有关法律、行政法规的规定。

承运人依照前款规定将货物装载在舱面上,对由于此种装载的特殊风险造成的货物灭失或者损坏,不负赔偿责任。

承运人违反本条第一款规定将货物装载在舱面上,致使货物遭受灭失或者损坏的,应当负赔偿责任。

专题十八 国际贸易支付

考点93 信用证下银行的责任与免责

《最高人民法院关于审理信用证纠纷案件若干问题的规定》

第五条 [信用证独立性]开证行在作出付款、承兑或者履行信用证项下其他义务的承诺后,只要单据与信用证条款、单据与单据之间在表面上相符,开证行应当履行在信用证规定的期限内付款的义务。当事人以开证申请人与受益人之间的基础交易提出抗辩的,人民法院不予支持。具有本规定第八条的情形除外。

第六条 [单证审查] 人民法院在审理信用证纠纷案件中涉及单证审查的，应当根据当事人约定适用的相关国际惯例或者其他规定进行；当事人没有约定的，应当按照国际商会《跟单信用证统一惯例》以及国际商会确定的相关标准，认定单据与信用证条款、单据与单据之间是否在表面上相符。

信用证项下单据与信用证条款之间、单据与单据之间在表面上不完全一致，但并不导致相互之间产生歧义的，不应认定为不符点。

第七条 [不符点] 开证行有独立审查单据的权利和义务，有权自行作出单据与信用证条款、单据与单据之间是否在表面上相符的决定，并自行决定接受或者拒绝接受单据与信用证条款、单据与单据之间的不符点。

开证行发现信用证项下存在不符点后，可以自行决定是否联系开证申请人接受不符点。开证申请人决定是否接受不符点，并不影响开证行最终决定是否接受不符点。开证行和开证申请人另有约定的除外。

开证行向受益人明确表示接受不符点的，应当承担付款责任。

开证行拒绝接受不符点时，受益人以开证申请人已接受不符点为由要求开证行承担信用证项下付款责任的，人民法院不予支持。

考点94 信用证欺诈及例外原则

(一)信用证欺诈的构成

《最高人民法院关于审理信用证纠纷案件若干问题的规定》

第八条 [信用证欺诈] 凡有下列情形之一的，应当认定存在信用证欺诈：

(一)受益人伪造单据或者提交记载内容虚假的单据；

(二)受益人恶意不交付货物或者交付的货物无价值；

(三)受益人和开证申请人或者其他第三方串通提交假单据，而没有真实的基础交易；

(四)其他进行信用证欺诈的情形。

第九条 [申请中止支付] 开证申请人、开证行或其他利害关系人发现有本规定第八条的情形，并认为将会给其造成难以弥补的损害时，可以向有管辖权的人民法院申请中止支付信用证项下的款项。

(二)信用证欺诈例外原则适用的条件

《最高人民法院关于审理信用证纠纷案件若干问题的规定》

第十条 [不应中止支付的情形] 人民法院认定存在信用证欺诈的，应当裁定中止支付或者判决终止支付信用证项下款项，但有下列情形之一的除外：

(一)开证行的指定人、授权人已按照开证行的指令善意地进行了付款；

(二)开证行或其指定人、授权人已对信用证项下票据善意地作出了承兑；

(三)保兑行善意地履行了付款义务；

(四)议付行善意地进行了议付。

第十一条 [受理条件] 当事人在起诉前申请中止支付信用证项下款项符合下列条件的，人民法院应予受理：

(一)受理申请的人民法院对该信用证纠纷案件享有管辖权；

(二)申请人提供的证据材料证明存在本规定第八条的情形；

(三)如不采取中止支付信用证项下款项的措施，将会使申请人的合法权益受到难以弥补的损害；

(四)申请人提供了可靠、充分的担保；

(五)不存在本规定第十条的情形。

当事人在诉讼中申请中止支付信用证项下款项的，应当符合前款第(二)、(三)、(四)、(五)项规定的条件。

专题十九 对外贸易管理制度

考点95 对外贸易法

(一)对外贸易法的适用范围

《对外贸易法》

第二条 [适用范围] 本法适用于对外贸易以及与对外贸易有关的知识产权保护。

本法所称对外贸易，是指货物进出口、技术进出口和国际服务贸易。

(二)对外贸易经营者

《对外贸易法》

第八条 [对外贸易经营者] 本法所称对外贸易经营者，是指依法办理工商登记或者其他执业手续，依照本法和其他有关法律、行政法规的规定从事对外贸易经营活动的法人、其他组织或者个人。

(三)货物与技术进出口

《对外贸易法》

第十五条 [货物贸易、技术贸易的限制和禁止] 国家基于下列原因，可以限制或者禁止有关货物、技术的进口或者出口：

(一)为维护国家安全、社会公共利益或者公共道德，需要限制或者禁止进口或者出口的；

(二)为保护人的健康或者安全，保护动物、植物的生命或者健康，保护环境，需要限制或者禁止进口或者出口的；

(三)为实施与黄金或者白银进出口有关的措施，需要限制或者禁止进口或者出口的；

(四)国内供应短缺或者为有效保护可能用竭的自然资源，需要限制或者禁止出口的；

(五)输往国家或者地区的市场容量有限，需要限制出口的；

(六)出口经营秩序出现严重混乱，需要限制出口的；

(七)为建立或者加快建立国内特定产业，需要限制进口的；

(八)对任何形式的农业、牧业、渔业产品有必要限制进口的；

（九）为保障国家国际金融地位和国际收支平衡，需要限制进口的；

（十）依照法律、行政法规的规定，其他需要限制或者禁止进口或者出口的；

（十一）根据我国缔结或者参加的国际条约、协定的规定，其他需要限制或者禁止进口或者出口的。

(四)国际服务贸易

《对外贸易法》

第二十五条　[服务贸易的限制或者禁止]国家基于下列原因，可以限制或者禁止有关的国际服务贸易：

（一）为维护国家安全、社会公共利益或者公共道德，需要限制或者禁止的；

（二）为保护人的健康或者安全，保护动物、植物的生命或者健康，保护环境，需要限制或者禁止的；

（三）为建立或者加快建立国内特定服务产业，需要限制的；

（四）为保障国家外汇收支平衡，需要限制的；

（五）依照法律、行政法规的规定，其他需要限制或者禁止的；

（六）根据我国缔结或者参加的国际条约、协定的规定，其他需要限制或者禁止的。

考点96　出口管制法

(一)适用范围

《出口管制法》

第二条　国家对两用物项、军品、核以及其他与维护国家安全和利益、履行防扩散等国际义务相关的货物、技术、服务等物项（以下统称管制物项）的出口管制，适用本法。

前款所称管制物项，包括物项相关的技术资料等数据。

本法所称出口管制，是指国家对从中华人民共和国境内向境外转移管制物项，以及中华人民共和国公民、法人和非法人组织向外国组织和个人提供管制物项，采取禁止或者限制性措施。

本法所称两用物项，是指既有民事用途，又有军事用途或者有助于提升军事潜力，特别是可以用于设计、开发、生产或者使用大规模杀伤性武器及其运载工具的货物、技术和服务。

本法所称军品，是指用于军事目的的装备、专用生产设备以及其他相关货物、技术和服务。

本法所称核，是指核材料、核设备、反应堆用非核材料以及相关技术和服务。

(二)管理部门

《出口管制法》

第五条第一款　国务院、中央军事委员会承担出口管制职能的部门（以下统称国家出口管制管理部门）按照职责分工负责出口管制工作。国务院、中央军事委员会其他有关部门按照职责分工负责出口管制有关工作。

(三)主要制度

(1)管制清单制度

《出口管制法》

第九条　国家出口管制管理部门依据本法和有关法律、行政法规的规定，根据出口管制政策，按照规定程序会同有关部门制定、调整管制物项出口管制清单，并及时公布。

根据维护国家安全和利益、履行防扩散等国际义务的需要，经国务院批准，或者经国务院、中央军事委员会批准，国家出口管制管理部门可以对出口管制清单以外的货物、技术和服务实施临时管制，并予以公告。临时管制的实施期限不超过二年。临时管制实施期限届满前应当及时进行评估，根据评估结果决定取消临时管制、延长临时管制或者将临时管制物项列入出口管制清单。

第十条　根据维护国家安全和利益、履行防扩散等国际义务的需要，经国务院批准，或者经国务院、中央军事委员会批准，国家出口管制管理部门会同有关部门可以禁止相关管制物项的出口，或者禁止相关管制物项向特定目的国家和地区、特定组织和个人出口。

(2)出口许可制度

《出口管制法》

第十二条　国家对管制物项的出口实行许可制度。

出口管制清单所列管制物项或者临时管制物项，出口经营者应当向国家出口管制管理部门申请许可。

出口管制清单所列管制物项以及临时管制物项之外的货物、技术和服务，出口经营者知道或者应当知道，或者得到国家出口管制管理部门通知，相关货物、技术和服务可能存在以下风险的，应当向国家出口管制管理部门申请许可：

（一）危害国家安全和利益；

（二）被用于设计、开发、生产或者使用大规模杀伤性武器及其运载工具；

（三）被用于恐怖主义目的。

出口经营者无法确定拟出口的货物、技术和服务是否属于本法规定的管制物项，向国家出口管制管理部门提出咨询的，国家出口管制管理部门应当及时答复。

(3)最终用户和最终用途风险管理制度

《出口管制法》

第十五条　出口经营者应当向国家出口管制管理部门提交管制物项的最终用户和最终用途证明文件，有关证明文件由最终用户或者最终用户所在国家和地区政府机构出具。

第十七条　国家出口管制管理部门建立管制物项最终用户和最终用途风险管理制度，对管制物项的最终用户和最终用途进行评估、核查，加强最终用户和最终用途管理。

第十八条　国家出口管制管理部门对有下列情形之一的进口商和最终用户，建立管控名单：

（一）违反最终用户或者最终用途管理要求的；

（二）可能危害国家安全和利益的；

三国法　[考点法条]

(三)将管制物项用于恐怖主义目的的。

对列入管控名单的进口商和最终用户,国家出口管制管理部门可以采取禁止、限制有关管制物项交易,责令中止有关管制物项出口等必要的措施。

出口经营者不得违反规定与列入管控名单的进口商、最终用户进行交易。出口经营者在特殊情况下确需与列入管控名单的进口商、最终用户进行交易的,可以向国家出口管制管理部门提出申请。

列入管控名单的进口商、最终用户经采取措施,不再有第一款规定情形的,可以向国家出口管制管理部门申请移出管控名单;国家出口管制管理部门可以根据实际情况,决定将列入管控名单的进口商、最终用户移出管控名单。

(4)军品出口专营制度

《出口管制法》

第十三条 国家出口管制管理部门综合考虑下列因素,对出口经营者出口管制物项的申请进行审查,作出准予或者不予许可的决定:

(一)国家安全和利益;
(二)国际义务和对外承诺;
(三)出口类型;
(四)管制物项敏感程度;
(五)出口目的国家或者地区;
(六)最终用户和最终用途;
(七)出口经营者的相关信用记录;
(八)法律、行政法规规定的其他因素。

考点97 反倾销措施

(一)倾销的确定

《反倾销条例》

第二条 [反倾销的条件]进口产品以倾销方式进入中华人民共和国市场,并对已经建立的国内产业造成实质损害或者产生实质损害威胁,或者对建立国内产业造成实质阻碍的,依照本条例的规定进行调查,采取反倾销措施。

第三条 [倾销]倾销,是指在正常贸易过程中进口产品以低于其正常价值的出口价格进入中华人民共和国市场。

对倾销的调查和确定,由商务部负责。

第七条 [损害]损害,是指倾销对已经建立的国内产业造成实质损害或者产生实质损害威胁,或者对建立国内产业造成实质阻碍。

对损害的调查和确定,由商务部负责;其中,涉及农产品的反倾销国内产业损害调查,由商务部会同农业部进行。

第九条 [累积评估]倾销进口产品来自两个以上国家(地区),并且同时满足下列条件的,可以就倾销进口产品对国内产业造成的影响进行累积评估:

(一)来自每一国家(地区)的倾销进口产品的倾销幅度不小于2%,并且其进口量不属于可忽略不计的;
(二)根据倾销进口产品之间以及倾销进口产品与国内同类产品之间的竞争条件,进行累积评估是适当的。

可忽略不计,是指来自一个国家(地区)的倾销进口产品的数量占同类产品总进口量的比例低于3%;但是,低于3%的若干国家(地区)的总进口量超过同类产品总进口量7%的除外。

(二)反倾销调查

第十三条 [申请反倾销调查主体]国内产业或者代表国内产业的自然人、法人或者有关组织(以下统称申请人),可以依照本条例的规定向商务部提出反倾销调查的书面申请。

第十七条 [产业量要求]在表示支持申请或者反对申请的国内产业中,支持者的产量占支持者和反对者的总产量的50%以上的,应当认定申请是由国内产业或者代表国内产业提出,可以启动反倾销调查;但是,表示支持申请的国内生产者的产量不足国内同类产品总产量的25%的,不得启动反倾销调查。

第十八条 [商务部主动调查]在特殊情形下,商务部没有收到反倾销调查的书面申请,但有充分证据认为存在倾销和损害以及二者之间有因果关系的,可以决定立案调查。

第二十一条 [如实提供信息]商务部进行调查时,利害关系方应当如实反映情况,提供有关资料。利害关系方不如实反映情况、提供有关资料的,或者没有在合理时间内提供必要信息的,或者以其他方式严重妨碍调查的,商务部可以根据已经获得的事实和可获得的最佳信息作出裁定。

第二十五条 [终裁]初裁决定确定倾销、损害以及二者之间的因果关系成立的,商务部应当对倾销及倾销幅度、损害及损害程度继续进行调查,并根据调查结果作出终裁决定,予以公告。

在作出终裁决定前,应当由商务部将终裁决定所依据的基本事实通知所有已知的利害关系方。

第二十六条 [期间]反倾销调查,应当自立案调查决定公告之日起12个月内结束;特殊情况下可以延长,但延长期不得超过6个月。

(三)反倾销措施

(1)临时反倾销措施

《反倾销条例》

第二十八条 [临时反倾销调查措施]初裁决定确定倾销成立,并由此对国内产业造成损害的,可以采取下列临时反倾销措施:

(一)征收临时反倾销税;
(二)要求提供保证金、保函或者其他形式的担保。

临时反倾销税税额或者提供的保证金、保函或者其他形式担保的金额,应当不超过初裁决定确定的倾销幅度。

第三十条 [期限]临时反倾销措施实施的期限,自临时反倾销措施决定公告规定实施之日起,不超过4个月;在特殊情形下,可以延长至9个月。

自反倾销立案调查决定公告之日起60天内,不得采取临时反倾销措施。

(2)价格承诺

第三十一条 [价格承诺]倾销进口产品的出口经营

者在反倾销调查期间,可以向商务部作出改变价格或者停止以倾销价格出口的价格承诺。

商务部可以向出口经营者提出价格承诺的建议。

商务部不得强迫出口经营者作出价格承诺。

第三十二条　[价格承诺与案件调查]出口经营者不作出价格承诺或者不接受价格承诺的建议的,不妨碍对反倾销案件的调查和确定。出口经营者继续倾销进口产品的,商务部有权确定损害威胁更有可能出现。

第三十三条　[反倾销调查的中止或终止]商务部认为出口经营者作出的价格承诺能够接受并符合公共利益的,可以决定中止或者终止反倾销调查,不采取临时反倾销措施或者征收反倾销税。中止或者终止反倾销调查的决定由商务部予以公告。

商务部不接受价格承诺的,应当向有关出口经营者说明理由。

商务部对倾销以及由倾销造成的损害作出肯定的初裁决定前,不得寻求或者接受价格承诺。

第三十六条　[追溯征收]出口经营者违反其价格承诺的,商务部依照本条例的规定,可以立即决定恢复反倾销调查;根据可获得的最佳信息,可以决定采取临时反倾销措施,并可以对实施临时反倾销措施前90天内进口的产品追溯征收反倾销税,但违反价格承诺前进口的产品除外。

(3)反倾销税

第三十七条　[反倾销税]终裁决定确定倾销成立,并由此对国内产业造成损害的,可以征收反倾销税。征收反倾销税应当符合公共利益。

第三十八条　[反倾销税征收主体]征收反倾销税,由商务部提出建议,国务院关税税则委员会根据商务部的建议作出决定,由商务部予以公告。海关自公告规定实施之日起执行。

第三十九条　[反倾销税的适用]反倾销税适用于终裁决定公告之日后进口的产品,但属于本条例第三十六条、第四十三条、第四十四条规定的情形除外。

第四十条　[纳税主体]反倾销税的纳税人为倾销进口产品的进口经营者。

第四十一条　[反倾销税的确定]反倾销税应当根据不同出口经营者的倾销幅度,分别确定。对未包括在审查范围内的出口经营者的倾销进口产品,需要征收反倾销税的,应当按照合理的方式确定对其适用的反倾销税。

第四十二条　[反倾销税的确定]反倾销税税额不超过终裁决定确定的倾销幅度。

第四十三条　[追溯征收]终裁决定确定存在实质损害,并在此前已经采取临时反倾销措施的,反倾销税可以对已经实施临时反倾销措施的期间追溯征收。

终裁决定确定存在实质损害威胁,在先前不采取临时反倾销措施将会导致后来作出实质损害裁定的情况下已经采取临时反倾销措施的,反倾销税可以对已经实施临时反倾销措施的期间追溯征收。

终裁决定确定的反倾销税,高于已付或者应付的临时反倾销税或者为担保目的而估计的金额的,差额部分不予收取;低于已付或者应付的临时反倾销税或者为担保目的而估计的金额的,差额部分应当根据具体情况予以退还或者重新计算税额。

第四十四条　[追溯征收的条件]下列两种情形并存的,可以对实施临时反倾销措施之日前90天内进口的产品追溯征收反倾销税,但立案调查前进口的产品除外:

(一)倾销进口产品有对国内产业造成损害的倾销历史,或者该产品的进口经营者知道或者应当知道出口经营者实施倾销并且倾销对国内产业将造成损害的;

(二)倾销进口产品在短期内大量进口,并且可能会严重破坏即将实施的反倾销税的补救效果的。

商务部发起调查后,有充分证据证明前款所列两种情形并存的,可以对有关进口产品采取进口登记等必要措施,以便追溯征收反倾销税。

第四十八条　[期限]反倾销税的征收期限和价格承诺的履行期限不超过5年;但是,经复审确定终止征收反倾销税有可能导致倾销和损害的继续或者再度发生的,反倾销税的征收期限可以适当延长。

考点98　反补贴措施

(一)补贴的确定

《反补贴条例》

第二条　[反补贴条件]进口产品存在补贴,并对已经建立的国内产业造成实质损害或者产生实质损害威胁,或者对建立国内产业造成实质阻碍的,依照本条例的规定进行调查,采取反补贴措施。

第三条　[补贴]补贴,是指出口国(地区)政府或者其任何公共机构提供的并为接受者带来利益的财政资助以及任何形式的收入或者价格支持。

出口国(地区)政府或者其任何公共机构,以下统称出口国(地区)政府。

本条第一款所称财政资助,包括:

(一)出口国(地区)政府以拨款、贷款、资本注入等形式直接提供资金,或者以贷款担保等形式潜在地直接转让资金或者债务;

(二)出口国(地区)政府放弃或者不收缴应收收入;

(三)出口国(地区)政府提供除一般基础设施以外的货物、服务,或者由出口国(地区)政府购买货物;

(四)出口国(地区)政府通过向筹资机构付款,或者委托、指令私营机构履行上述职能。

第四条　[补贴的专向性]依照本条例进行调查、采取反补贴措施的补贴,必须具有专向性。

具有下列情形之一的补贴,具有专向性:

(一)由出口国(地区)政府明确确定的某些企业、产业获得的补贴;

(二)由出口国(地区)法律、法规明确规定的某些企业、产业获得的补贴;

(三)指定特定区域内的企业、产业获得的补贴;

(四)以出口实绩为条件获得的补贴,包括本条例所附出口补贴清单列举的各项补贴;

(五)以使用本国(地区)产品替代进口产品为条件获

得的补贴。

在确定补贴专向性时,还应当考虑受补贴企业的数量和企业受补贴的数额、比例、时间以及给与补贴的方式等因素。

(二)反补贴调查
《反补贴条例》

第十三条 [反补贴申请]国内产业或者代表国内产业的自然人、法人或者有关组织(以下统称申请人),可以依照本条例的规定向商务部提出反补贴调查的书面申请。

第十六条 [审查期限]商务部应当自收到申请人提交的申请书及有关证据之日起60天内,对申请是否由国内产业或者代表国内产业提出、申请书内容及所附具的证据等进行审查,并决定立案调查或者不立案调查。在特殊情形下,可以适当延长审查期限。

在决定立案调查前,应当就有关补贴事项向产品可能被调查的国家(地区)政府发出进行磋商的邀请。

第十八条 [自主启动反补贴]在特殊情形下,商务部没有收到反补贴调查的书面申请,但有充分证据认为存在补贴和损害以及二者之间有因果关系的,可以决定立案调查。

(三)反补贴措施
(1)临时措施
《反补贴条例》

第二十九条 [临时措施]初裁决定确定补贴成立,并由此对国内产业造成损害的,可以采取临时反补贴措施。

临时反补贴措施采取以保证金或者保函作为担保的征收临时反补贴税的形式。

第三十条 [主管机关]采取临时反补贴措施,由商务部提出建议,国务院关税税则委员会根据商务部的建议作出决定,由商务部予以公告。海关自公告规定实施之日起执行。

(2)承诺
《反补贴条例》

第三十二条 [承诺]在反补贴调查期间,出口国(地区)政府提出取消、限制补贴或者其他有关措施的承诺,或者出口经营者提出修改价格的承诺的,商务部应当予以充分考虑。

商务部可以向出口经营者或者出口国(地区)政府提出有关价格承诺的建议。

商务部不得强迫出口经营者作出承诺。

(3)反补贴税
《反补贴条例》

第三十八条 [反补贴税]在为完成磋商的努力没有取得效果的情况下,终裁决定确定补贴成立,并由此对国内产业造成损害的,可以征收反补贴税。征收反补贴税应当符合公共利益。

第四十一条 [缴纳主体]反补贴税的纳税人为进口产品的进口经营者。

第四十三条 [反补贴税税额]反补贴税税额不得超过终裁决定确定的补贴金额。

考点99 保障措施
(一)保障措施的适用条件
《保障措施条例》

第二条 [实施保障措施的条件]进口产品数量增加,并对生产同类产品或者直接竞争产品的国内产业造成严重损害或者严重损害威胁(以下除特别指明外,统称损害)的,依照本条例的规定进行调查,采取保障措施。

(二)调查
《保障措施条例》

第三条 [申请人]与国内产业有关的自然人、法人或者其他组织(以下统称申请人),可以依照本条例的规定,向商务部提出采取保障措施的书面申请。

商务部应当及时对申请人的申请进行审查,决定立案调查或者不立案调查。

第四条 [自主发起调查]商务部没有收到采取保障措施的书面申请,但有充分证据认为国内产业因进口产品数量增加而受到损害的,可以决定立案调查。

第六条 [主管部门]对进口产品数量增加及损害的调查和确定,由商务部负责;其中,涉及农产品的保障措施国内产业损害调查,由商务部会同农业部进行。

第七条 [数量增加]进口产品数量增加,是指进口产品数量的绝对增加或者与国内生产相比的相对增加。

第十五条 [初裁、终裁]商务部根据调查结果,可以作出初裁决定,也可以直接作出终裁决定,并予以公告。

(三)保障措施
《保障措施条例》

第十六条 [临时保障措施]有明确证据表明进口产品数量增加,在不采取临时保障措施将对国内产业造成难以补救的损害的紧急情况下,可以作出初裁决定,并采取临时保障措施。

临时保障措施采取提高关税的形式。

第十九条 [保障措施]终裁决定确定进口产品数量增加,并由此对国内产业造成损害的,可以采取保障措施。实施保障措施应当符合公共利益。

保障措施可以采取提高关税、数量限制等形式。

第二十二条 [非歧视性]保障措施应当针对正在进口的产品实施,不区分产品来源国(地区)。

第二十三条 [必要性]采取保障措施应当限于防止、补救严重损害并便利调整国内产业所必要的范围内。

第二十五条 [关税退还]终裁决定确定不采取保障措施的,已征收的临时关税应当予以退还。

专题二十一 国际经济法领域的其他法律制度

考点112 国际融资担保
(一)见索即付保函(独立保函)的概念和特点
《最高人民法院关于审理独立保函纠纷案件若干问题的规定》

第一条 [独立保函定义]本规定所称的独立保函,

是指银行或非银行金融机构作为开立人,以书面形式向受益人出具的,同意在受益人请求付款并提交符合保函要求的单据时,向其支付特定款项或在保函最高金额内付款的承诺。

前款所称的单据,是指独立保函载明的受益人应提交的付款请求书、违约声明、第三方签发的文件、法院判决、仲裁裁决、汇票、发票等表明发生付款到期事件的书面文件。

独立保函可以依保函申请人的申请而开立,也可以依另一金融机构的指示而开立。开立人依指示开立独立保函的,可以要求指示人向其开立用以保障追偿权的独立保函。

第三条　[界定标准]保函具有下列情形之一,当事人主张保函性质为独立保函的,人民法院应予支持,但保函未载明据以付款的单据和最高金额的除外:

(一)保函载明见索即付;

(二)保函载明适用国际商会《见索即付保函统一规则》等独立保函交易示范规则;

(三)根据保函文本内容,开立人的付款义务独立于基础交易关系及保函申请法律关系,其仅承担相符交单的付款责任。

当事人以独立保函记载了对应的基础交易为由,主张该保函性质为一般保证或连带保证的,人民法院不予支持。

当事人主张独立保函适用民法典关于一般保证或连带保证规定的,人民法院不予支持。

第四条　[开立、生效与撤销]独立保函的开立时间为开立人发出独立保函的时间。

独立保函一经开立即生效,但独立保函载明生效日期或事件的除外。

独立保函未载明可撤销,当事人主张独立保函开立后不可撤销的,人民法院应予支持。

(二)单单表面相符原则

《最高人民法院关于审理独立保函纠纷案件若干问题的规定》

第六条　[责任与基础交易]受益人提交的单据与独立保函条款之间、单据与单据之间表面相符,受益人请求开立人依据独立保函承担付款责任的,人民法院应予支持。

开立人以基础交易关系或独立保函申请关系对付款义务提出抗辩的,人民法院不予支持,但有本规定第十二条情形的除外。

第七条　[单据审查]人民法院在认定是否构成表面相符时,应当根据独立保函载明的审单标准进行审查;独立保函未载明的,可以参照适用国际商会确定的相关审单标准。

单据与独立保函条款之间、单据与单据之间表面上不完全一致,但并不导致相互之间产生歧义的,人民法院应当认定构成表面相符。

第八条　[开立人权利]开立人有独立审查单据的权利与义务,有权自行决定单据与独立保函条款之间、单据与单据之间是否表面相符,并自行决定接受或拒绝接受不符点。

开立人已向受益人明确表示接受不符点,受益人请求开立人承担付款责任的,人民法院应予支持。

开立人拒绝接受不符点,受益人以保函申请人已接受不符点为由请求开立人承担付款责任的,人民法院不予支持。

(三)保函欺诈及保函欺诈例外原则

《最高人民法院关于审理独立保函纠纷案件若干问题的规定》

第十二条　[独立保函欺诈]具有下列情形之一的,人民法院应当认定构成独立保函欺诈:

(一)受益人与保函申请人或其他人串通,虚构基础交易的;

(二)受益人提交的第三方单据系伪造或内容虚假的;

(三)法院判决或仲裁裁决认定基础交易债务人没有付款或赔偿责任的;

(四)受益人确认基础交易债务已得到完全履行或者确认独立保函载明的付款到期事件并未发生的;

(五)受益人明知其没有付款请求权仍滥用该权利的其他情形。

第十三条　[申请中止支付]独立保函的申请人、开立人或指示人发现有本规定第十二条情形的,可以在提起诉讼或申请仲裁前,向开立人住所地或其他对独立保函欺诈纠纷案件具有管辖权的人民法院申请中止支付独立保函项下的款项,也可以在诉讼或仲裁过程中提出申请。

第十四条　[中止支付独立保函的条件]人民法院裁定中止支付独立保函项下的款项,必须同时具备下列条件:

(一)止付申请人提交的证据材料证明本规定第十二条情形的存在具有高度可能性;

(二)情况紧急,不立即采取止付措施,将给止付申请人的合法权益造成难以弥补的损害;

(三)止付申请人提供了足以弥补被申请人因止付可能遭受损失的担保。

止付申请人以受益人在基础交易中违约为由请求止付的,人民法院不予支持。

开立人在依指示开立的独立保函项下已经善意付款的,对保障该开立人追偿权的独立保函不得裁定止付。

第十六条　[止付申请的裁定与执行]人民法院受理止付申请后,应当在四十八小时内作出书面裁定。裁定应当列明申请人、被申请人和第三人,并包括初步查明的事实和是否准许止付申请的理由。

裁定中止支付的,应当立即执行。

止付申请人在止付裁定作出后三十日内未依法提起独立保函欺诈纠纷诉讼或申请仲裁的,人民法院应当解除止付裁定。

(四)涉外保函纠纷的管辖权和法律适用

《最高人民法院关于审理独立保函纠纷案件若干问题的规定》

第二十一条 [管辖]受益人和开立人之间因独立保函而产生的纠纷案件,由开立人住所地或被告住所地人民法院管辖,独立保函载明由其他法院管辖或提交仲裁的除外。当事人主张根据基础交易合同争议解决条款确定管辖法院或提交仲裁的,人民法院不予支持。

独立保函欺诈纠纷案件由被请求止付的独立保函的开立人住所地或被告住所地人民法院管辖,当事人书面协议由其他法院管辖或提交仲裁的除外。当事人主张根据基础交易合同或独立保函的争议解决条款确定管辖法院或提交仲裁的,人民法院不予支持。

第二十二条 [法律适用]涉外独立保函未载明适用法律,开立人和受益人在一审法庭辩论终结前亦未就适用法律达成一致的,开立人和受益人之间因涉外独立保函而产生的纠纷适用开立人经常居所地法律;独立保函由金融机构依法登记设立的分支机构开立的,适用分支机构登记地法律。

涉外独立保函欺诈纠纷,当事人就适用法律不能达成一致的,适用被请求止付的独立保函的开立人经常居所地法律;独立保函由金融机构依法登记设立的分支机构开立的,适用分支机构登记地法律;当事人有共同经常居所地的,适用共同经常居所地法律。

涉外独立保函止付保全程序,适用中华人民共和国法律。

第二十三条 [适用范围]当事人约定在国内交易中适用独立保函,一方当事人以独立保函不具有涉外因素为由,主张保函独立性的约定无效的,人民法院不予支持。

答案速查

1.AC	2.ACD	3.A	130.B	131.B	132.B
4.BC	5.BC	6.B	133.ABD	134.BCD	135.CD
7.A	8.B	9.C	136.BD	137.B	138.A
10.D	11.C	12.C	139.B	140.B	141.A
13.C	14.C	15.D	142.D	143.C	144.C
16.AC	17.BC	18.B	145.BC	146.AD	147.AC
19.AC	20.D	21.C	148.AD	149.AD	150.A
22.BC	23.D	24.D	151.ABCD	152.BD	153.BD
25.C	26.B	27.ABD	154.ABC	155.ABCD(原答案为B)	
28.D	29.BC	30.A	156.C	157.B	158.A
31.CD	32.B	33.C	159.ABC	160.ABCD	161.BD
34.BCD	35.CD	36.D	162.ABC	163.BC	164.B
37.AC	38.ABD	39.BD	165.B	166.A	167.C
40.B	41.CD	42.AC	168.B	169.B	170.C
43.ABD	44.BCD	45.BD	171.C	172.C	173.ACD
46.BD	47.CD	48.ABC	174.A	175.B	176.ABC
49.BD	50.B	51.ABCD	177.A	178.D	179.D
52.AB	53.D	54.AD	180.A	181.A	182.D
55.B	56.D	57.BC	183.BD	184.B	185.C
58.BD	59.D	60.B	186.B	187.ABC	188.C
61.C	62.BD	63.B	189.D	190.BC	191.BC
64.C	65.A	66.BD	192.CD(原答案为ACD)		193.B
67.AD	68.ACD	69.BCD	194.AD(原答案为ABD)		195.A
70.CD	71.BCD	72.D	196.D	197.D	198.ABD
73.A	74.A	75.BC	199.AC	200.CD	201.ABC
76.A	77.BC	78.CD	202.ABCD	203.CD	204.BC
79.B	80.A	81.C	205.ABD	206.B	207.ACD
82.D	83.AB	84.B	208.A	209.ACD	210.C
85.AC	86.C	87.C	211.C	212.C	213.D
88.B	89.AD	90.D	214.AD	215.D	216.C
91.AC	92.A	93.D	217.BD	218.BCD	219.B
94.D	95.B	96.A	220.C	221.AD	222.AD
97.B	98.B	99.B	223.AC	224.BD	225.ACD
100.B	101.C	102.B(原答案为C)	226.C	227.B	228.C
103.BD	104.AD	105.AB	229.A	230.CD	231.ACD
106.C	107.AC	108.CD	232.C	233.C	234.D
109.AB	110.D	111.B	235.AB	236.AB	237.BD
112.A	113.A	114.C	238.ABCD(原答案为B)		239.A
115.AD	116.A	117.B	240.C	241.BD	242.D
118.C	119.BC	120.ABC	243.C	244.AC	245.ABCD
121.ABCD	122.D	123.C	246.AC	247.A	248.B
124.D	125.BD	126.D	249.ABCD	250.B	251.ABCD
127.B	128.D	129.D	252.B	253.B	254.CD

255.C	256.A	257.B	288.ACD	289.BC	290.B
258.A	259.A	260.C	291.ACD	292.B	293.A
261.D	262.AD	263.ACD	294.D	295.BCD	296.ABC
264.BCD	265.C	266.B	297.C	298.BCD	299.D
267.D	268.D	269.B	300.AB	301.A	302.ABCD
270.B	271.D	272.D	303.ACD	304.D	305.CD
273.A	274.ABD	275.D	306.CD	307.CD	308.CD
276.D	277.CD	278.AC	309.BD	310.BC	311.AB
279.C	280.D	281.C	312.BD	313.B	314.AC
282.C	283.B	284.A	315.ACD		
285.A	286.B	287.C			